KB213972

성공하는 공부방은
어떻게 만들어질까?

우리 동네 1등 공부방, 15년 차 원장님의 비밀 레시피

성공하는 공부방은 어떻게 만들어질까?

초판 1쇄 인쇄 2025년 3월 11일
초판 1쇄 발행 2025년 3월 24일
지은이 김민경
발행인 이지연
펴낸곳 이지스퍼블리싱(주)
출판사 등록번호 제313-2010-123호
주소 서울시 마포구 잔다리로 109 이지스빌딩 5층
대표전화 02-325-1722 | **팩스** 02-326-1723
이지스퍼블리싱 홈페이지 www.easyspub.com | **이지스에듀 카페** www.easysedu.co.kr
바빠 아지트 블로그 blog.naver.com/easyspub | **인스타그램** @easys_edu
페이스북 www.facebook.com/easyspub2014 | **이메일** service@easyspub.co.kr

기획 및 책임 편집 정지연, 이지혜, 박지연, 김현주, 정지희 | **교정 교열** 박재원
표지 및 내지 디자인 이근공 | **전산편집** 공디자인 퍼블리싱 | **인쇄** 미래피앤피

영업 및 문의 이주동, 김요한(support@easyspub.co.kr) | **마케팅** 라혜주
독자 지원 박애림, 김수경

ISBN 979-11-6303-682-1 03320
가격 16,000원

- **이지스에듀**는 이지스퍼블리싱의 교육 브랜드입니다.
  (이지스에듀는 아이들을 탈락시키지 않고 모두 목적지까지 데려가는 책을 만듭니다!)

우리 동네 1등 공부방, 15년 차 원장님의 비밀 레시피

성공하는 공부방은

어떻게 만들어질까?

김민경 지음

이지스에듀

'카리스마', 없어도 괜찮아!

B+ 인생이 목표였는데

저는 B+ 인생이 좋았습니다. 대학에서 과 수석은 아니지만 2등, 3 등 정도를 유지해 장학금 같은 상위권의 혜택을 누리지만 과 수석만이 가지는 부담감에서는 살짝 벗어날 수 있는 인생! 지금 생각하면 좀 웃기지만 수업도 '한 번씩은 빠져 줘야지', 100% 출석하지 않고 일부러 빼먹곤 했습니다.

우연히 시작한 학원 선생님 일이었지만 생각보다 적성에 잘 맞아서 지금까지 계속 아이들과 함께하는 삶을 살고 있습니다. 결혼하고 아이를 낳으면서 창업할 때도 학원에서 일한 경력이 있으니 교습소나 학원을 차리라는 주변 이야기가 있었지만 저는 공부방을 선택했습니다. 일과 육아를 병행하고 싶었기 때문입니다. '그냥 내가 할 수 있는 만큼만 해 보자.'

"김 선생은 다 좋은데 카리스마가 없어. 아이들을 휘어잡을 수 있어야지." 학원에 있을 때 자주 들었던 강사 평가였습니다. 확고한 교육 철학으로 확신에 찬 모습을 보여야 아이들이 믿고 따를 수 있다는 거죠. '도대체 카리스마가 뭐길래…' 마음은 반발했으나 그때는 제가 부족한 사람인 줄 알았습니다.

하지만 지금은 생각이 다릅니다. 저만의 원칙과 소신은 있지만 고집하거나 갇혀 있지 않습니다. 아이마다 성향이 다르고 선생님도 고유한 개성이 있는데 어떻게 하나의 답이 모든 경우에 통할 수 있겠습니까? 각각의 경우에 적합한 해법을 찾기 위해 노력할 따름이죠.

내향형 선생님도 성공할 수 있습니다

'이렇게 하면 성공한다!'는 내용의 책이나 영상을 곳곳에서 접하게 됩니다. 저는 '꼭 그렇게 하지 않아도 성공할 수 있다.' 라고 이야기하고 싶었습니다. 강한 카리스마는 없지만 유연한 생각으로 상대에게 잘 맞추는 내향형 선생님도 어딘가에서 조용하게 성공하며 살고 있다는 희망을 드리고 싶습니다.

정답을 드린다기보다는 제 경험을 나누어 미리 예방접종 맞는 느낌으로 준비하시면 대박까지는 몰라도 중박은 충분히 가능하지 않을까 생각합니다. 저는 꼭 최고가 되지 않아도 괜찮은 B+ 인생의 행복이 참 좋습니다.

김민경 씀

아이들의 삶을 아는 선생님이 함께하는 미래형 교육 기관, 바로 공부방입니다

- 박재원 ㈜에듀니티랩 학습과학연구소 소장

고액 과외 선생님에서 시작해 대치동의 유명 국어·논술전문학원 상담소장까지, 오랜 시간 사교육 일선에 있었습니다. 전국에 있는 30개가 넘는 가맹 학원을 관리하면서 별의별 학원 사업자를 만났고 강남에서 재수종합학원 원장을 하면서 사교육 시장의 흥망성쇠를 온몸으로 겪었습니다.

이러한 과정을 거쳐 '좋은 교육'은 교육 수요자 중심의 접근이 성공 요인임을 절감했습니다. ㈜비상교육 공부연구소 소장으로 활동하면서 본격적으로 '좋은 교육이란 무엇인가?'라는 화두를 잡게 되어 지금까지 연구하고 검증하고 있습니다.

최근 교육은 그 형식과 내용이 크게 달라지고 있습니다. 특히 학습의 중추인 뇌의 작동 메커니즘을 밝히는 신경 과학의 눈부신 발전에 힘입어 학습 과학(Learning Science)이 정립되어 이전과는 전혀 다른, 새로운 패러다임의 교육이 전 세계적으로 시도되고 있습니다. 다만 교육 분야에서는 과거의 낡은 것과 새롭게 발전한 것을 구분하기가 쉽지 않습니다. 새 술은 새 부대에 담아야 마땅하나 기존에 널리 사용하던 낡은 부대가 여전히 강한 기득권을 갖고 있기 때문일 겁니다.

좋은 교육의 기준

이제는 버려야 할 것과 잘 살려야 할 것들이 뒤죽박죽인 상황에서 '좋은 교육'의 기준을 나름대로 정리해 보겠습니다.

좋은 교육의 기준 1: 교사 중심에서 학생 중심으로

교육 선진국에서는 가르친다고 배우는 게 아니라는 깨달음에 도달한 지 오래입니다. 가르침이 수단이라면 학생의 배움은 목적이겠지요. 가르치는 사람 중심의 낡은 교육에서 배움의 주체인 학생 주도성을 강조하는 방향으로 교육의 흐름은 빠르게 이동하고 있습니다.

좋은 교육의 기준 2: 공통 중심에서 개인 중심으로

사람의 주의·집중력은 개인의 관심으로부터 비롯된다는 사실을 학습 과학에서 입증했습니다. 국가 수준의 공통 교육과정인 교과서는 수단일 뿐, 교육의 목적은 학생 개인의 배움이어야 합니다. 집단을 대상으로 한 낡은 교육은 한 사람 한 사람의 관심과 속도, 방법에 맞춘 개별화 교육으로 빠르게 대체되고 있습니다.

좋은 교육의 기준 3: 진도 중심에서 피드백 중심으로

낡은 것은 버리고 새로운 걸 받아들이는 데 적극적인 싱가포르는 덜 가르치고, 더 배우는(Teach Less, Learn More) 교육 정책을 표방합니다. 학습 진도는 수단일 뿐 교육의 목적은 역시 학생의 배움입니다. 일방적으로 진도를 나가고 평가로 성적을 매겨 학생 탓을 하는 낡은 교육 방식에서 벗어나, 성취 기준에 도달하는 과정에서 겪게 되는 어려움을 파악하고 이를 지원하는 방법을 안내하는 피드백의 중요성이 떠오르고 있습니다.

학생 중심의 개별화 교육이 가능한, 작지만 강한 공부방

저는 이번에 '좋은 교육'의 가능성을 새롭게 발견했습니다. 이 책의 저자, 김민경 원장님의 공부방에서 이루어지고 있는 교육적 실천과 모색을 지켜보면서 우리나라에 존재하는 그 어떤 교육기관보다도 '좋은 교육'을 성공적으로 실행하고 있는 모습에 박수를 보내게 됩니다. '좋은 교육'의 기준으로 판단하는 학생·개인·피드백에 집중하는 김민경 원장님이야말로 진정한 교육자, 최고의 교육 전문가라고 믿게 됐습니다.

공교육과 사교육을 구별하는 것, 과연 학부모와 학생들에게 어떤 의미가 있을까요? 대형 전문 학원과 공부방을 비교하는 것 역시 부질없지 않나요. '좋은 교육'을 하는 곳이 어디인지에 관심이 집중되기 때문입니다. 사실 이 원고를 먼저 보기 전에는 공부방에 주목하지 않았던 것이 사실입니다. 하지만 공부방의 강점을 하나하나 확인하면서 학생 중심의 새로운 교육에 최적화할 수 있는 가장 탄력적인 교육기관이라고 판단하게 됐습니다.

교육자들이 먼저 부모 마음이 되어야 한다는, 세계적인 교육 혁신가들의 지적에 깊이 공감하는 원장님들에게 이 책은 교육적으로도, 사업적으로 성공하는 데도 꼭 필요한 양 날개가 되어 줄 겁니다.

4장 공부방의 짜임새를 결정하는 것들

5장 공부방의 '품격'은 원장의 '품격'

1장

내 상황에 맞는 공부방 설계하기

어떤 공부방을 창업할 것인가?

'어떤 공부방을 해 볼까?' 공부방 창업을 꿈꾸는 분들이 가장 먼저 하는 고민일 겁니다. 동시에 '꼭 성공하고 싶다!'라는 마음도 세트처럼 따라오겠지요. 그럼 어떻게 해야 성공할 수 있을지 주변에 물어보면 가장 많이 듣게 되는 말이 있습니다. "일단 버티세요. 그러다 보면 성공할 겁니다."

'일단 버텨라!', 그게 어디 말처럼 쉬운 일인가요? 오래 버티려면 시작하기 전부터 어떤 준비를 해야 하는지 차근차근 따져봐야 합니다. 너무 무리하지 않고 나에게 맞는 공부방을 만들려면 우선 현재의 나의 상황부터 정리해볼 필요가 있습니다.

공부방 창업이 가능한 사람일까?

공부방 운영에 관심이 있는 경우를 보면 성향상 대체로 남에게 도움이 되고 싶은 사람입니다. 공부가 어려운 아이들에게 도움을 주고 싶고 가르치는 일에도 자신이 있고 무엇보다 아이들을 좋아하는 마음을 가진 분들이 많죠. 만약 '내 얘기 같은데…, 나도 해당 사항이 있어!'라고 생각하시거나 아이들과 지내는 게 그리 나쁘지 않을 거라는 생각이 든다면 당장 준비하세요. 그런 분들에게 공부방 선생님만큼 매력적인 직업은 없답니다.

다만 아이가 있고 육아를 병행해야 하는 상황이라면 몇가지 걸림돌이 생길 겁니다. 그렇다고 안 되는 것은 없습니다. 현재 조건에 적합한 계획을 세우면 해결할 수 있습니다. 몇 시부터 몇 시까지, 장소는 어디서, 어떤 과목을, 그리고 어느 정도 수입을 원하는지 등을 구체적으로 먼저 정해야 힘든 일이 생겨도 버틸 수 있습니다.

수업이 가능한 시간은?

수업을 할 수 있는 시간이 먼저 정리가 되어야 공부방 콘셉트를 만들고 수업 대상과 시간표도 정할 수 있습니다. 만약 자녀가 있다면 자녀 연령에 따라 수업할 수 있는 시간대가 달라질 겁니다. 저는 결혼해서 공부방을 창업한 경우인데요. 주변에 육아를 도와줄 사람이 하나도 없는 상황이었지만 아이 백일 때부터 공부방을 시작했습니다.

어떻게 가능했냐고요? 저는 원생의 부모에 주목했습니다. 육아 품앗이처럼 제가 학생과 수업하는 동안 반대로 그 부모님이 제 아이를 돌봐주시는 거죠. 물론 이렇게 서로 원하는 바가 맞아떨어지는 인연을 만나기는 쉽지 않은 일이라 운이 좋았던 건 맞습니다. 하지만 주변을 찬찬히 살펴보면 그렇게 찾기 어려운 일만도 아닙니다.

내 아이가 어린이집이나 유치원을 다닌다면 요즘은 초등학교가 유치원보다 더 일찍 마치므로 저학년 위주의 공부방을 하면 충분한 수업 시간이 나옵니다. 또 내 아이가 초등학생이라 하교 시간이 빠르다면 학교 돌봄을 이용하거나 차량을 운행하는 태권도, 줄넘기 학원 같은 데를 보내기도 합니다. 조금만 궁리해 보면 수업 시간을 확보할 수 있습니다.

자녀가 고학년 이상이면 수업 시간을 확보하는 데는 문제가 없는데 사춘기와 맞물려서 어려움이 생길 수 있습니다. 예민해지는 시기에 낯선 아이들이 집에 왔다 갔다 하니 불편해 하고 싫어하기도 하는데요. 이럴 때는 아이가 예상할 수 있도록 미리 오늘의 일정이나 수업 시간을 공유해 주고 침해받지 않는 본인만의 공간을 만들어 최대한 충돌을 피하는 게 좋습니다.

공부방 일을 하다 보면 가끔 내 아이가 방치되는 것 같아 미안한 마음에 힘들 때도 있습니다. 하지만 오히려 엄마가 다 챙기지 못하는 것이 아이에게는 스스로 해나가는 자기 조절 능력을 키우는 좋은 경험이 되기도 합니다.

너무나도 중요한 가족 구성원 고려하기

단지 공부방 원생에게 맞춰 수업 시간을 정하면 될까요? 아닙니다. 가족 구성원도 같이 고려해야 합니다. 가장 먼저 고려해야 할 사람은 배우자가 되겠죠. 거주지와 수업 공간이 분리되면 좋겠지만 처음 공부방을 시작하면 거실이나 방 한 칸에서 수업하게 됩니다.

가족 구성원의 생활 패턴을 고려해야 합니다. 물론 '내가 놀아? 일하고 있다니까!', 배려받고 싶은 마음이 들 수도 있지만 배우자가 퇴근하고 집에 왔을 때 편안하게 쉬고 싶은 마음도 헤아려야 합니다. 아이도 마찬가지고요. 한두 달의 문제가 아니고 계속될 문제이기에 수업 시간은 물론, 몇 시까지 수업했으면 좋겠다는 의견을 서로 조율하는 게 필요합니다. 그래야 오래 버틸 수 있습니다.

보통 처음엔 2~6시까지 수업하다가 조금씩 시간을 늘려 가는 방법을 많이들 선택합니다. 만약 수업 시간을 많이 확보하기 어렵다면 원생 모집이 상대적으로 쉬운 무학년제 수업을 추천합니다. 물론 팀 수업이 불가능한 것은 아니지만 현실적으로 딱 시간에 맞는 아이들로 팀을 구성하기가 쉽지 않습니다. 일단 초등학생 중심의 공부방을 하면서 중학생도 한 타임 정도는 가능할 수 있습니다.

반대로 배우자가 퇴근 후 자녀를 돌본다면 아예 늦은 시간인 7~10시를 이용하여 중·고등 전문 공부방으로 꾸밀 수도 있습니다. 실제 그렇게 하는 분들도 있습니다. 하고자 하는 마음만 있으면 방법은 나옵니다.

정리해 볼까요?

◎ 나는 지금 공부방 창업이 가능한 상황인가? 아래의 기본적인 고려 항목들을 메모하고 판단해 보자.

장소	대상 학년	과목	수업 가능 시간

콘셉트	가족 고려	예상/기대 수입	기타

◎ 내 아이는 어떻게 돌볼 것인가?

◎ 가족과 합의해야 할 사항은?

무학년제 수업과 그룹 수업,
어떤 것이 좋은가?

무학년제 수업이란?

"저는 무학년제 수업을 합니다."라고 말씀드리면 어떻게 수업하는 것인지 궁금해 하는 분들이 많습니다. 아무래도 같은 학년끼리 반을 구성하여 같은 진도를 나가는 그룹 수업 방식이 일반적이다 보니 무학년제라는 말이 생소할 수 있습니다. 무학년제 수업은 학년을 구분하지 않고 같은 시간에 여러 학년의 아이들을 모아 함께 수업하는 형태입니다.

그룹 수업의 장단점

그룹 수업은 아이들이 같은 내용을 공부하기 때문에 수업 준비가 수월합니다. 때론 게임이나 토론 수업처럼 재미있는 활동 수업도 기획해 볼 수 있으며 아이들이 문제 푸는 동안 잠시 숙제 검사를 하거나 숨 돌릴 여유가 있어 수업하기 좋고 이상적인 형태라고 할 수 있습니다.

그런데 그룹 수업을 잘 운영하려면 몇 가지 조건이 필요합니다. 일단 같은 학년, 비슷한 수준의 아이들을 모을 수 있어야 합니다. 또 수업에 빠지는 아이 없이 늘 함께 수업할 수 있어야 합니다. 계획한 대로 딱딱 수업이 이루어지면 좋겠지만 아프거나 여행 등의 변수가 생겨 빠진 아이로 인해 전체 수업을 미루거나 따로 보충해야 하는 번거로움이 생깁니다.

또한 아무리 비슷한 수준의 아이들을 모았다 해도 아이들마다 문제를 푸는 속도가 다르고, 수업 진도가 빠르다 또는 느리다는 등 이야기가 각기 다르게 나오기도 합니다. 쉽게 해법을 찾기 어려운 상황이 반복되다가 한두 명이 빠지면 그룹 수업 자체가 무너지기도 합니다. 계속 남아 있는 아이가 한두 명이라도 있으면 그 수업을 없앨 수도 없고 유지할 수도 없고 매우 곤란합니다.

또한 학년별, 수준별로 수업을 개설해야 하니 수업 시수가 많아져 1인 공부방에서 감당하기 벅찬 한계에 부딪힙니다. 그렇다고 그룹 수업이 나쁘다는 이야기는 아닙니다. 그룹 수업의 핵심, '어떻게 비슷한 수준의 아이들을 모을까?', 이 문제만 해결하면 그룹 수업만큼 효과 좋은 수업도 없습니다.

무학년제 수업의 장단점

무학년제는 각자의 진도에 맞추어 1:1 맞춤 수업을 설계할 수 있습니다. 그렇다 보니 시간만 맞으면 타임별로 아이들을 빠르게 채울 수 있습니다. 아이가 수업에 빠졌을 때 보충해야 하는 문제나 퇴원생이 생겼을 때도 조금 덜 영향을 받습니다. 진도가 느리다 또는 빠르다는 학부모의 여러 가지 요구사항에 유연한 대처도 가능합니다.

그러면 무학년제 수업은 장점만 있을까요? 아이마다 따로 관리해야 하고 신경 써서 철저하게 준비하지 않으면 수업할 때 정신을 차리기 어려울 수 있습니다. 프랜차이즈 공부방으로 운영하게 되면 운영 시스템이 잘 되어 있어 덜하긴 하지만 여러 아이를 동시에 관리해야 하기에 어느 정도 교육 관련 경험이 있어야 수월하게 대처할 수 있습니다.

그렇다고 경험이 부족하니 포기해야겠다, 생각하지 않으셔도 됩니다. 1인 공부방의 경우 아이들 스스로 할 수 있는 시스템을 훈련해 두면 얼마든지 가능합니다. 예를 들어, 수업에 오면 등원 버튼 먼저 누른 다음 공부 계획표를 보고 그날 필요한 책을 스스로 가져다 학습한다는 규칙을 정하는 겁니다. 훈련을 통해 아이들이 잘 적응하면 아무리 학년이 섞여 있어도 관리할 수 있습니다.

만약 무학년제 수업이 처음이라면 1·2학년, 3·4학년, 5·6학년으로 두 개 학년 정도만 묶었다가 점차 넓혀 보세요. 경험이 쌓이면 짧은 시간에 많은 아이를 가르칠 수 있는 공부방만의 장점을 제대로 느끼게 될 겁니다.

정리해 볼까요?

◎ 나는 어떤 학년 수업을 할 수 있는가 ?

초1	초2	초3	초4	초5	초6	중1	중2	중3	고1	고2	고3

◎ 무학년제 수업은 어떤 학년끼리 묶을 것인가?

◎ 그룹 수업을 선택했다면 어떻게 아이들을 모을 것인가?

03

수업료는 어떻게
정해야 할까?

진입 장벽은 낮게, 명분 있는 인상으로 목표 지점 도달하기

공부방 선생님들 사이에서는 물가는 올라도 수업료는 20년째 그대로라는 말을 농담처럼 하곤 합니다. 제가 느끼기에도 물가 오르는 거에 비해 공부방 수업료는 따라 오르지 않았습니다. 이유는 간단합니다. 수요와 공급의 법칙 때문이죠. 아이들은 줄어드는데 고학력자들이 많아지면서 소자본 창업하기에 좋은 공부방이 점점 많아졌습니다. 실제로 신규 아파트 입주를 시작하면 부동산, 편의점 다음으로 학원이나 공부방이 생깁니다. 1,000세대 아파트 기준으로 보면 못해도 과목별로 5개 정도는 생기는데 사실 그 이상인 곳도 정말 많습니다.

우후죽순처럼 생겨나고 나면 점유율 전쟁이 시작되고 결국 버티는 공부방만 살아남게 됩니다. 경쟁을 의식해 수업료가 저렴하면 많이 올 것 같아 무조건 낮게 책정하는 경우가 있습니다. 처음엔 반짝할 수 있지만 부메랑이 되어 결국은 그 지역 평균 수업료를 낮추기도

해 자칫 모두가 힘들어지는 상황이 됩니다.

반대로 고급화 전략으로 비싸게 매겨 적은 인원으로 고소득을 이루어 보겠다는 경우도 있습니다. 나쁜 방법은 아니지만 성공하려면 남들보다 뛰어난, 내세울 만한 무언가가 있어야 할 텐데, 만약 운영자가 그럴만한 경력이 있더라도 학부모들은 처음이라 선뜻 믿고 선택하기가 다소 어려울 수 있습니다. 싸도 안 된다, 비싸도 안 된다, 그러면 도대체 어느 수준에서 수업료를 책정하란 말인가, 답답하시죠?

일단 주변 시세를 알아보고 비슷하게 맞추면서 처음에는 진입 장벽을 낮출 수 있는 방법을 찾아보면 좋습니다. 학부모들은 상담해보고 호감이 가더라도 검증된 곳이 아니다 보니 고민하게 됩니다. 고민을 선택으로 바꿀 수 있는 매력적인 요소가 필요하다는 겁니다.

진입 장벽을 조금 낮출 수 있는 방법을 소개합니다. 첫 달 30% 할인, 첫 달 99,000원, 친구와 함께 등록하면 할인해 주는 이벤트 같은 겁니다. 할인 이벤트를 기획하다 보면 손해 보는 거 같기도 하고 딱 혜택만 받고 바로 그만두는 사람들이 있지 않을까, 염려되기도 할 텐데요. 사실 그런 경우는 별로 없습니다. 일단 아이를 교육하기 위해 공부방에 보내는 것이므로 다른 서비스업과는 학부모님들의 관점이 다르기 때문이겠지요.

처음 수업료가 계속 유지되는 것도 아닙니다. 시간이 흘러 고학년이 되거나 수업의 레벨이 오를 때 거부감 없는 수준으로 수업료를 올리면 명분도 있고 무리 없이 목표 지점까지 갈 수 있습니다.

아이들을 가르치는 일, 의미 있는 일을 한다고 하지만 노력의 가치가 눈으로 보이는 것은 수업료이기에 너무 저렴하면 시간이 지날수록 '내가 이 정도 받자고 이렇게까지 해야 하나?'라는 회의적인 생각이 들 수 있습니다. 자신이 들인 노력의 가치를 판단해 적정선을 결정하면 좋겠습니다.

결제 방식, 어떤 게 좋을까?

두 번째로 고민할 것은 '언제 수업료를 받을지?' 입니다. 결제일을 매월 1일로 하는 경우, 월 16회 또는 12회 횟수제로 하는 경우, 아이마다 등록한 날짜로 하는 경우 등 다양합니다.

먼저 매월 1일로 정하면, 장점은 관리가 편리합니다. 매월 초에만 신경 써서 결제 여부를 확인하면 되니까 상대적으로 일이 줄어드는 느낌은 있습니다. 단점은 아이가 수업에 빠졌을 때인데요. 이런저런 얘기 듣지 않고 깔끔하게 처리하고 싶은 분들은 빠진 수업만큼 수업료의 일부를 빼주기도 합니다. 당연히 한 달 수업료를 100% 받지 못하는 일이 많아져 너무 원칙대로 하면 손해를 보게 됩니다.

매월 1일을 결제일로 하는 경우 하루 이틀 정도 빠지는 건 보충으로 처리하고 더 긴 경우에는 일주일 단위로 끊어서 수업료를 조정해주는 경우가 많습니다. 당연히 방학 때는 타격이 클 수밖에 없습니다. 요즘은 방학을 이용해 여행이나 친척 집 방문을 일주일 이상 하는 경우가 많아 별도의 방학 특강이 없으면 보릿고개라는 말이 절로 나오기도 합니다.

두 번째 방식은 횟수제인데요. 어떻게 보면 1일에 수업료를 결제하는 방식과 비슷합니다. 한 달 16회 또는 12회 수업 횟수를 정해두고 지도하는 경우입니다. 가끔 어떤 달은 일수가 많아 16회를 넘기기도 하는데 그런 경우 마지막 주 2~3일은 대부분 수업하지 않습니다. 선생님도 그때 여행을 가거나 시간을 활용할 수 있어 횟수제를 선호하기도 합니다.

횟수제는 수업을 빠졌을 때 역시 정해진 횟수만큼 미루어 주거나 수업료를 조정해주면 되니 관리가 깔끔합니다. 단점은 공휴일이 많은 달, 예를 들어 추석, 설 등이 있으면 한 달 16회 횟수를 다 못 채울 때가 있습니다. 주말을 이용하여 보강 수업을 잡거나 다음 달로 이월시키는 등 나름의 방법으로 대처합니다.

아예 처음부터 학부모님들이 수업 일수를 확인할 수 있도록 1년치 달력을 제작해봤는데 대부분 꼼꼼하게 챙기지 않아 매달 다시 이야기해야 하더라고요. 그리고 횟수제 수업의 경우 학부모님들이 호불호가 있습니다. 왜냐하면 횟수가 넘어간 5주 차에 수업이 없으면 아이 시간표에 공백이 생기기 때문인데요. 그래서 돌봄이 중요한 초등 저학년 콘셉트의 공부방보다는 고학년이나 중·고등 중심의 공부방에서 선택하면 좋을 것 같습니다.

마지막 세 번째는 등록일이 수업료 결제일인 경우입니다. 단점은 아이마다 날짜가 달라 관리가 좀 복잡합니다. 장점은 보충이 어려운 경우 월 수업료를 차감하는 대신 날짜를 미루는 형식이라 그게 그거지만 체감상 수업료가 같은 금액이기에 이틀을 빠지면 보충이고 일주

일이면 월 수업료를 조정해주니 가끔 할인을 받고자 아예 일주일을 빠지는 식으로 보충을 악용하는 경우가 줄어듭니다. 그런데 이런 경우는 흔하지 않습니다. 또 민감한 돈의 액수가 달라지는 게 아니라 결제일이 움직이는 거라 불화 요소도 다소 적습니다. 돈 이야기하는 게 불편한 경우에 많이 선택하는 방법인데 역시 호불호가 있습니다. 이 밖에도 아이들이 여러 학원에 다니는 경우 결제일이 같았으면 하는 학부모들도 있습니다.

어떤 방법이 더 좋다, 나쁘다, 판단해야 할 문제는 아닌 거 같습니다. 적합한 방식을 선택해서 학부모님에게 말씀드리면 대부분 잘 따라주십니다. 너무 고민하지 않으셔도 됩니다. 어떤 방식이든 꼭 한두 명씩 관리를 힘들게 하는 학부모는 늘 존재하기 마련입니다. 에너지 소모가 적고 신경이 덜 쓰일 거 같은 방식을 판단해 선택하면 좋을 것 같습니다.

정리해 볼까요?

◎ 수업료는 얼마로 할까?

◎ 등록 진입장벽을 낮추는 효과적인 방법은 뭘까?

◎ 결제일을 언제로 할까?

04

시간표는
어떻게 짜야 할까?

시간표 잘 짜면 주 4일 수업도 가능해

내가 일할 수 있는 시간과 결제 방식을 결정했다면 이제 수업 시간표를 구상해 봐야 합니다. 시간표는 결제 방식과 톱니바퀴처럼 서로 맞물려 돌아가기 때문에 같이 고려해야 합니다. 학원에서는 다른 강사가 있지만 공부방에서는 선생님 한 사람이 오롯이 다 해야 하기에 한 타임을 길게 잡기는 무리입니다.

초등 공부방 선생님들은 주 5회 1시간, 주 4회 1시간, 주 3회 90분 수업 중 한 가지 방식을 많이 선택합니다. 과외식이라면 주 2회 2시간씩 하기도 합니다. 한편 중·고등은 주 2회 2시간, 주 3회 90분 수업을 많이 합니다. 꼭 한 가지 방식을 정하기보다는 아이마다 다르게 반을 편성하면 짧은 시간에 많은 아이에게 수업할 수 있습니다.

예를 들어 보겠습니다. 만약 내가 월요일부터 금요일까지 주 5일 수업을 계획했다면 주 2회 수업하는 A, B 클래스가 있고 주 3회 수업하는 C, D 클래스가 있습니다. 매일 오는 E, F 클래스가 있다고 가정해 보면 이렇게 시간표를 짤 수 있습니다.

월	화	수	목	금
A 클래스	B 클래스	A 클래스	B 클래스	D 클래스
C 클래스	D 클래스	C 클래스	D 클래스	C 클래스
E 클래스	E 클래스	E 클래스	E 클래스	E 클래스
F 클래스	F 클래스	F 클래스	F 클래스	F 클래스

보통 여기까지는 어렵지 않은데 더 추가해 보겠습니다. 주 2회 수업하는 G, H 클래스와 주 3회 I, J 클래스를 더한 시간표입니다.

월	화	수	목	금
A 클래스	B 클래스	A 클래스	B 클래스	D 클래스
C 클래스	D 클래스	C 클래스	D 클래스	C 클래스
E 클래스	E 클래스	E 클래스	E 클래스	E클래스
F 클래스	F 클래스	F 클래스	F 클래스	F 클래스
G 클래스	I 클래스	G 클래스	I 클래스	I 클래스
J 클래스	H 클래스	J 클래스	H 클래스	J 클래스

만약 주 4일 수업을 계획했다면 어떤 시간표가 가능할까요?

월	화	수	목
A 클래스	B 클래스	A 클래스	B 클래스
C 클래스	G 클래스	C 클래스	C 클래스
D 클래스	D 클래스	D 클래스	G 클래스
E 클래스	E 클래스	E 클래스	E 클래스
F 클래스	F 클래스	F 클래스	F 클래스
J 클래스	J 클래스	H 클래스	J 클래스
I 클래스	H 클래스	I 클래스	I 클래스

한 타임이 늘어났지만 주 5일제처럼 10개 반 수업이 가능합니다.

저는 주 4일을 추천합니다. 수업이 없는 금요일 하루는 삶의 오아시스가 될 수 있습니다. 육아를 함께 한다면 금요일을 이용하여 아이 예방접종을 하거나 학부모 상담 등 학교 행사에 참여할 수도 있습니다. 취미 생활을 하거나 교육 강연을 듣는 등 자기 계발을 위한 시간으로 활용할 수도 있습니다.

요즘 아이들 바쁜 일정, 유연하게 대처해야

아무리 고민해서 시간표를 정해도 실전은 이론처럼 딱딱 맞게 돌아가지 않을 때가 많습니다. 아이들의 하루 일정에는 공부방 수업만 있는 게 아닙니다. 주로 공부방에 다니는 아이의 경우는 더 일정이 많습니다. 학원이야 한 번 가면 3~4시간을 보내기 때문에 사실상 그 뒤에 다른 일정을 잡는 게 어렵지만 공부방을 다니는 아이들의 시간표는 다릅니다. 학교 방과 후 교실 ➡ 태권도 학원(차량으로 이동) ➡ 영어 공부방 ➡ 수학 공부방처럼 계속 이동하는 경우가 많습니다. 만약 한 곳에서 10분 밀리면 그 뒤로는 줄줄이 늦어지기에 예정된 시간에 딱딱 맞추어 오지 못하는 게 당연합니다.

한편 아이들이 어른처럼 시간 맞추어 바로바로 올 걸로 기대하는 것도 무리 아닐까요? 천천히 걸어오면서 벌레도 봐야 하고, 친구 만나면 이야기도 해야 하고, 놀이터에서 놀다가 늦기도 하겠죠. 이렇게 늦게 와서는 다음 수업을 들으러 가야 한다고 빨리 보내 달라는 아이들을 상대해야 하는 일이 일상입니다.

아이들 사정에 맞춰 시간을 조정해 주다 보면 매번 나만 시간을 맞춰주는 것 같아 억울하기도 하고 계획대로 수업이 이루어지지 않아 스트레스를 받기도 합니다. 그런데 제가 깨달은 중요한 사실이 하나 있습니다. 학원끼리 맞물려 돌아가는 톱니바퀴 같은 흐름에서 아이들이 오래 다니게 되는 승자는 누가 될까요? 얼핏 보면 본인 시간표를 철저하게 지키며 다음 학원 신경 안 쓰고 보충할 것 다 시키는 열정적인 선생님을 좋아할 것 같으나 꼭 그렇지 않습니다.

다른 학원도 가야 하는 아이 사정은 고려하지 않고 내 수업만 우선하면 결국 불편함을 느껴 불만이 생기고 결국 그만두는 빌미가 되기도 합니다. 공부방에서 수업 시간을 변경하자고 요청했을 때 학부모는 조정 대상을 찾게 되는데 그때 1순위는 자기 수업 시간만을 고집한 공부방이 될 가능성이 높습니다. 혹여나 규모가 작아서, 강하게 말하지 않아서 아이 사정을 다 들어줘야 하는 건 아닌가 자책은 하지 마세요. 억울한 마음 대신 '나는 모두 맞출 수 있는 능력자구나!' 라고 자신감을 가지면 좋겠습니다.

시간표의 큰 틀은 유지하면서 주변의 공부방 상황이나 아이의 일정을 파악하고 유연하게 대처하는 게 좋습니다. 부모님들도 아이 학원 시간표 짜는 게 쉽지 않고 머리 아프거든요. 상담할 때도 제일 먼저 파악해야 하는 것이 바로 아이의 다른 학원 시간표입니다. 비는 시간에 딱 맞게 끼워 넣으면 학부모들도 변경이 더 어렵기에 웬만한 불만들은 문제가 되지 않습니다. 아이들이 오래 다니는 공부방을 만드는 비결이기도 합니다.

핵심만 정리해 볼까요?

1. 주 4회 수업으로 삶의 오아시스를 만나 보자.

2. 재원생의 다른 학원 일정 파악은 필수다.

3. 아이 일정과 사정에 맞는 유연한 대처가 필요하다.

메모해 보세요

05

공부방 창업에 필요한
서류와 절차는?

행정 처리 한 번에 끝내기

공부방 창업을 결심하셨다면 이제 행정 처리를 해야 합니다. 개인 과외 교습자 신고와 사업자등록, 크게 두 가지 일을 하면 됩니다. 먼저 교육청에 가서 개인 과외 교습자 신고를 하세요. 허가제가 아닌 신고제라서 누구나 자격을 갖추면 할 수 있습니다. 관련 서류만 잘 준비해 주세요. 처리하는 기간이 있으니 당장 수업하지 않더라도 미리 준비하는 것이 좋습니다. 궁금한 사항은 여기저기 인터넷 카페 같은 데말고 해당 지역 교육청에 문의하세요. 가장 정확합니다.

1. 개인 과외 교습자 신고 서류

① 개인 과외 교습자 신고서 1부 (교육청에 비치 또는 홈페이지에서 다운로드 가능)

② 본인 신분증 원본 1부

③ 주민등록등본 (신분증에 주민등록상 주소지 미기재 시)

④ 최종 학력증명서 1부 (최근 3개월 이내에 발급받은 증명서)

⑤ 자격증, 경력증 원본 1부 (해당자에 한함)

⑥ 증명사진 2매(3×4)

※ 공부방 장소가 아파트가 아닌 경우 건축물 대장 필요(건축물의 용도가 주택인지 확인하기 위함)

개인 과외 교습자 신고 서류가 준비되었으면 이제 사업자등록 신청을 하면 됩니다.

2. 사업자등록 서류

① 사업자등록 신청서

② 임대차 계약서 사본

③ 개인과외 교습자 신고필증

④ 본인 확인을 위한 신분증(주민등록증, 운전면허증 등) 사본

이렇게 두 가지 행정 처리가 완료되었다면 이제 큰 준비는 끝났습니다.

학원 보험 가입하기

공부방을 운영하다가 발생할 수 있는 사고나 손해에 대비해 학원 보험에 가입하세요. 학생들의 안전을 보장하고, 법적 문제를 예방하는 데 도움이 됩니다.

세무 신고

공부방은 매년 두 가지 세무 신고를 해야 합니다. 바로 사업장현황

신고와 종합소득세 신고인데요. 사업장현황 신고는 전년도 1월 1일부터 12월 31일까지의 운영 내역을 신고합니다. 공부방 운영 상황을 정부에 신고하는 절차로 사업장의 위치와 운영 시간, 수강생 수 등을 포함합니다.

종합소득세 신고는 매년 5월 1일부터 5월 31일 안에 해야 합니다. 개인의 연간 소득을 신고하는 절차로 공부방 운영을 통해 얻은 수입도 포함됩니다. 홈택스를 이용해 직접 할 수도 있지만 복잡한 세금 관련 절차를 대신 처리해 줄 뿐 아니라 경비 처리를 통해 절세를 도와주는 세무사 사무실에 맡길 것을 추천합니다.

06

무료로 교육 자료
얻는 방법은?

쉽게 얻을 수 있는 교육 정보

프랜차이즈에 가맹했다면 본사에서 공부방 분위기를 낼 수 있는 초도 물품이나 자료들을 제공하니 걱정이 좀 덜하겠지만 개인으로 준비한다면 막막할 수 있습니다. 방법은 있습니다.

먼저 총판을 이용하는 경우인데요. 지역별로 문제집을 공급하는 지역 총판이 있습니다. 총판을 이용하면 경제적으로 교재를 구매할 수 있고 어느 정도 권수 이상을 구매하면 교사용 교재를 받을 수도 있습니다. 단 처음이라 원생 수가 적다면 어려울 수 있습니다.

두 번째는 각 출판사의 SNS를 활용하는 방법이 있습니다. 요즘은 출판사도 SNS로 홍보를 많이 하므로 교사용 교재나 부록 자료들을 받을 수 있습니다. 코로나 사태를 겪고 난 이후라 비대면 수업에 대비한 PDF 파일을 제공하는 곳도 많습니다. 특히 홈페이지를 보면 교사용 자료를 올려놓은 곳이 많아 조금만 검색해보면 얼마든지 교사용 자료를 구할 수 있습니다.

디딤돌공방(디딤돌출판사), 공도비(비상교육), 바빠스마트클래스(이지스에듀), 천사샘-천재교육강사평가위원(천재교육), 꿈을담는틀-꿈틀밥매공(꿈을담는틀), 미래엔티처 오픈카톡방(미래엔출판사), 이젠교육(이젠교육), 학관노, 성공하는공부방운영하기, 기출비, 능률출판사, 키출판사, 길벗출판사, 좋은책신사고, 메가스터디북스

▲교사용 자료를 무료로 제공하는 곳

이런 곳을 활용하면 최신 교육 트렌드나 교육 정보를 얻을 수 있어 꽤 유용합니다.

작은 공부방이라서 안 될 거 없어

제가 공부방을 시작할 때만 해도 정보를 얻기가 힘들었습니다. 교사용 교재 한 권을 구하기 위해 서점 사장님께 부탁하기도 하고 총판에서 당장 필요하지 않은 교재를 구매하기도 했습니다. 하지만 지금은 시대가 많이 달라져 작은 공부방이라서 정보를 구하기 어렵다는 약점은 더 이상 없습니다. 조금만 관심을 기울여 노력하면 어렵지 않게 필요한 자료와 정보를 얻을 수 있는 시대입니다.

교육과정 개편이나 고교학점제 같은 교육의 큰 이슈가 발생해도 더 이상 두렵지 않습니다. 정보를 찾아보면 충분히 알 수 있습니다. 이제 공부방 창업을 꿈꾸는 모두에게 얼마든지 교육 전문가로 성장할 수 있는 기회가 열려 있습니다. 작은 공부방이라고 안 될 게 없다는 말입니다. 정보를 잘 활용하기만 하면 됩니다.

핵심만 정리해 볼까요?

1. 자료가 필요하면 출판사 SNS를 검색하자.

2. 공개된 정보를 잘 활용하면 교육 전문가가 될 수 있다.

3. 요즘 시대 작은 공부방은 약점이 아니다.

메모해 보세요

07

공부방 선생님이란?

공부방은 교육 서비스업

혹시 '교육 서비스업'이라는 단어가 불편하신가요? 예전에 저는 교육자라는 생각이 강해 아이들을 사랑으로 잘 가르치기만 하면 될 줄 알았습니다. 물론 교육자라는 의식은 공부방 선생님의 가장 기본적인 핵심 가치입니다. 그렇지만 어찌 되었든 수익 창출이라는 사업적인 측면을 무시할 수는 없습니다. 그러기 위해선 고객의 욕구를 파악하고 불편함이 없도록 배려하는 서비스 정신도 꼭 필요합니다.

공부방을 선택할 때

요즘은 다양한 형태의 사교육 서비스가 발달해 어떤 것이 좋다, 나쁘다를 판단하기보다는 아이에게 맞는 곳을 선택하는 흐름이 만들어졌습니다. 대형 학원은 차량 운행 서비스, 독자적인 시스템, 한 번 가면 3~4시간 정도 되는 긴 수업 시간, 수준별 반 편성 등의 특징이 있습니다. 이러한 대형 학원에서 경쟁을 통해 아이가 성장하기를 기대

하는 부모들이 있습니다. 반면에 공부방에서는 집 근처라는 접근성
과 안전한 이동 동선, 그리고 규모가 작다 보니 대형 학원보다 좀 더
세심한 관심과 보살핌을 기대하지 않을까 싶습니다.

　저학년은 학습과 동시에 돌봄의 기능도 무시할 수 없습니다. 공
부방 운영 초반에는 아무래도 초등 문의가 많이 옵니다. 기존 공부방
아이들이 커서 중·고등학생이 되고 입소문이 나야 중·고등 아이들이
점점 늘어납니다. 선생님으로서 능력이 출중한데 초등 문의만 오면
자칫 자존심 상하고 내 가치를 몰라주는 거 같아 속상할 수도 있지
요. 하지만 공부방 사업의 특징이 그런 거라 '이 아이들을 잘 관리해
서 키워야겠다. 시간이 해결해 주겠지!'하고 편하게 생각하세요. 아이
들은 금방 쑥쑥 자란답니다.

　그러면 공부방 사업에 필요한 '서비스'가 무엇인지 이야기해 볼까
요? 특히 중·고등 위주의 수업을 한 선생님들이 제일 어려워하는 부
분이 바로 서비스 측면, 돌봄 역할까지 해야 한다는 부담이 아닐까
싶습니다. 중·고등 아이들은 아이와의 관계만 잘 조율하면 어느 정도
문제 해결이 되지만 초등은 다릅니다. 부모, 아이, 선생님, 3명이 모
두 잘 맞아야 합니다.

아이와의 관계, 세심한 관리를 기대하는 교육 서비스업
　부모가 초등에서 공부하는 내용을 몰라서 아이를 직접 가르치지
못하는 분들은 거의 없습니다. 대부분 아이와의 관계 때문에 혹은 맞
벌이를 하다 보니 집에서 가까운 동네 공부방을 선택합니다. 가끔 수
업 중에 아이가 "우리 아빠가 그렇게 말고 이렇게 풀라고 했어요."라

는 말을 합니다. 또 "선생님, 아이 숙제를 봤는데 아이가 이 문제는 개념 이해를 못하고 있는 것 같습니다. 다시 한 번 설명해 주세요. 그리고 연산 실수가 너무 많습니다. 오답 노트 쓰도록 지도해 주시면 좋을 것 같아요. 그리고 틀렸다는 표시를 너무 크게 하면 아이가 속상해하니까 작게 부탁드립니다."와 같은 학부모 문자를 받았다고 생각해 보세요. 처음에는 '나를 못 믿으시는 건가?' '수업 방식에 왜 간섭하시지?' '본인 입맛에 맞게 나를 조정하려고 하나?' 별별 생각이 다 듭니다. 하지만 부모님들의 이런 요구는 세심한 관리를 기대하는 공부방에 숙명처럼 따라오는 서비스인 듯합니다.

부모님들이 수업에 대해 말씀하시는 건 그래도 나은 편입니다. "엘리베이터를 혼자 타지 못하는데 1층까지만 데려다 주세요." "제가 20분 후에 도착할 것 같은데 책 읽고 기다리라고 해 주세요." "약 먹으라고 말해 주세요." 등등 무리하다고 느껴지는 요구도 전혀 없지는 않습니다. 왜일까요? 공부방이라는 교육 서비스업의 특성 때문이죠.

'1인 원장 체제라 요구 사항이 바로 전달될 수 있다.' 바로 그런 걸 기대하고 공부방에 보내기 때문에 나를 무시해서라거나 못 믿어서라고 받아들이면 곤란합니다. 어느 정도 이해하고 넘어가야 할 부분입니다. 그렇다고 무조건 다 참고 원하는 대로 모두 맞추라는 이야기는 아닙니다. 상황에 따라 변론할 부분이 있다면 가급적 핵심만 얘기하는 게 좋습니다. 또 어찌 되었든 부모님의 피드백이니까, 필요한 부분이라 판단되면 반영하면서 그냥 내 방식대로 하면 됩니다. 답변은 "아! 그렇군요. (인정 먼저) 이 개념 중요해서 제가 강조했던 곳이긴 한데 많이 어려운가 봅니다. (나의 변론) 오늘 다시 한 번 점검해 보겠습니다. (해결책)” 정도로 끝내시면 됩니다.

“지난번에 시험지도 풀게 했고 몇 번씩 쓰게도 하고 어제 확인도 했는데요.” 기타 등등 내 입장을 이야기하고 싶을 수 있지만 부모님이 수긍하고 지지할 확률이 높지 않습니다. 노력하는 걸 몰라준다고 억울한 감정까지 가지 않았으면 좋겠습니다. 또 수업 외적인 요구 사항이 도를 지나치게 넘는 경우가 아니라면 같이 아이 키우는 처지에서 도움을 준다 생각하면 어려운 일도 아니잖아요. 이런 과정이 몇 번 왔다 갔다 하면서 서로 믿음이 생기면 요구하는 빈도가 점점 줄어들기 마련입니다.

만약 본인 입맛에 맞게 따라주길 원하는 학부모였다면 몇 번 고집을 부리다 뜻대로 안 되면 공부방을 그만두게 하겠죠. 그런 경우 내 잘못은 아니니까 마음에 담아두지 않았으면 좋겠습니다. 실제로는 드문 경우이니 크게 걱정하지 않으셔도 됩니다. 자신감을 가지고 교육 서비스를 제공한다고 생각하며 불편한 감정에 오래 머무르지 않았으면 좋겠습니다.

핵심만 정리해 볼까요?

1. 아이에게 세심한 관리를 원하는 학부모가 공부방을 선택한다.

2. 학부모에게 불편한 문자를 받았을 때 공부방이 교육 서비스임을 잊지 말자.

3. 작은 공부방이라고 무시하거나, 만만하게 보지 않는다.

메모해 보세요

2장

홍보와 상담, 어렵지 않아요!

08

주변에 공부방이
많아서 불안한가요?

공부방 독점은 없어

공부방 창업을 준비하는 지역의 학원과 공부방이 몇 개인지 확인하다 보면 생각보다 많아서 놀란 적이 있지 않나요? 특히 공부방은 상가가 아니라 주거지에 차려진 경우가 많아서 외부로 노출되지 않은 곳도 적지 않습니다. '이렇게나 많은데 내가 살아남을 수 있을까?' 걱정하게 되는 건 당연합니다.

하지만 한번 생각해 볼까요. 초등학교를 기준으로 전교생이 적게는 300명, 많게는 900명이 넘는 학교들도 있습니다. 그냥 편하게 이 중 절반이 학원이나 공부방에 다닌다고 하면 (실제로는 더 높은 비율이지만) 150명에서 450명가량 됩니다. 주변에 보통 2~3개 학교가 있기에 단순하게 계산해 보아도 학원이나 공부방 한 곳이 독점할 수 없습니다.

아이들이 적절하게 나누어져 어딘가를 선택할 텐데 그러면 충분히 승산이 있습니다. 예를 들어 우리 공부방에는 20명 정도만 되어도 좋겠다고 생각한다면 그 인원을 확보하는 게 정말 어려울까요? 준비만 되어 있다면 기회는 반드시 옵니다. 희망과 용기를 가지세요.

기회는 누구나 비슷하게

기회는 누구에게나 비슷하게 옵니다. 원생이 많고 적음의 차이는 기회가 왔을 때 등록까지 이어지도록 하는 것 그리고 퇴원생이 없도록 관리하는 능력에 달려 있습니다. 조급해하지 말고 방향성을 가지고 버티면 됩니다. 시간이 지나면 어느 순간 10명, 20명, 50명으로 금방 채워집니다.

"어떤 공부방은 들어갈 자리가 없어서 대기 받는다는데 저는 문의도 없어요. 접어야 할까요?" 이런 고민을 정말 많이 하고 저도 자주 듣곤 합니다. 저는 이럴 때 공부방의 장점이 발휘된다고 판단합니다. 공부방은 유지 비용이 크지 않습니다. 월세나 선생님 월급 등과 같은 고정 지출이 학원에 비해 크지 않기에 멘탈 관리만 잘하면서 버티면 됩니다.

내 공부방이 존재하고 있음을 꾸준하게 알리고 책임감 있게 아이들을 성실하게 관리하면서 최소 6개월 이상, 길게는 2년 이상은 버텨 봤으면 좋겠습니다. 다른 공부방들은 다 잘 되는 것 같고 나만 원생이 늘지 않는 것 같아 속상하겠지만 사실 들여다보면 다들 비슷한 고민을 하고 있습니다.

사교육 시장은 여러 사정으로 나누어지는 구조입니다. 만약 대형 학원이 초반 마케팅으로 아이들을 많이 모집했다고 하면 조금 기다리세요. 유명세가 있고 시스템이 안정된 곳이라도 모든 아이가 만족하며 다니지는 않을 겁니다. 빠르면 한 달, 최소 3개월 정도 되면 어느 정도 이탈이 시작됩니다. 그때를 공략하세요.

시기적으로 아이들의 이동이 제일 많을 시기는 시험이 끝났을 때, 겨울 방학이 시작할 때, 학기 초입니다. 사교육에서 새로운 곳을 찾는 아이들이 많아졌을 때를 공략해 나를 선택할 수 있도록 준비하며 기다리면 됩니다. 불안한 마음은 잠시 내려놓고 기회는 누구에게나 비슷하게 온다는 희망을 놓지 마세요.

핵심만 정리해 볼까요?

1. 주변 학교 학생 수를 계산해 보자. 공부방 한 곳의 독점은 없다.

2. 기회는 누구에게나 비슷하게 온다.

3. 내가 목표하는 원생 수는 시간이 해결해 준다.

메모해 보세요

09

온라인으로
홍보하는 방법은?

이제는 공부방도 검색 시대

코로나 전후로 우리 사회에는 크고 작은 변화가 나타났습니다. 교육계 역시 큰 변화가 있었는데 바로 줌(Zoom) 수업입니다. 교육은 대면으로 해야 한다는 생각의 틀을 완전히 바꾼 혁명 같은 일이었죠. 대면으로 해야 했던 수업 중 일부(보충수업 같은 경우)를 영상을 통해 집에서 공부해 올 수 있도록 하면 비용과 시간 측면에서 여러 효과가 있습니다. 또한 다양한 온라인 콘텐츠를 활용하면 1인 운영 공부방 역시 공간과 시간의 한계를 극복할 수 있게 되었습니다. 이처럼 많은 것이 달라진 요즘, 온라인 홍보는 숙명과도 같습니다.

대표적인 홍보 매체로는 블로그, 인스타그램, 오픈 채팅방, 밴드, 당근, 맘카페 등이 있습니다. 모든 걸 활용하면 좋겠지만 현실적으로 혼자 관리하기 힘듭니다. 우선 블로그와 인스타그램은 하는 게 좋습니다.

일단 블로그나 인스타그램 운영 목표는 "○○ 공부방이 괜찮대!"라는 이야기를 듣고 검색한 학부모가 궁금해 할 정보를 블로그나 인스타그램에 올린다는 정도로 생각하면 됩니다. 공부방 특성상 먼 거리에서 오지 않잖아요. 지역 이름이나 아파트 이름을 넣어 ○○동 공부방, ○○ 아파트 수학 공부방, 이렇게 검색했을 때 노출되면 그걸로 충분합니다. 블로그나 인스타그램은 오프라인으로 광고할 때도 필요합니다. 요즘은 지면 홍보물에 큐알 코드(QR code)를 넣어 블로그나 인스타그램으로 연결하면 좋습니다. 그럼 어떤 내용을 올려야 효과적일까요?

나만의 교육철학과 스토리를 말하는 블로그

블로그는 스토리가 있으면 좋습니다. 나만의 교육철학을 스토리에 자연스럽게 녹여주시면 제일 좋겠죠. 또는 교육 정보를 모아서 정리해 주거나 근처 학교 학사 일정이나 시간표 같은 정보도 괜찮습니다. 교육 정보 사이사이에 공부방 사진이나 아이들 공부한 자료 등을 노출하는 것도 나쁘지 않습니다.

혹시 이런 불안이 생기나요? '나만의 비결을 보고 경쟁 상대가 따라 하면 어쩌지?' 또는 '너무 사생활이 노출되는 건 부담스러운데…' 먼저 경쟁 상대가 따라 할 것 같은 불안은 오히려 반대로 생각하면 내 방식이 남들이 따라 할 정도로 괜찮다는 이야기도 되니까 자신감을 가지세요. 같은 방식을 흉내 내도 가르치는 사람의 역량과 자질에 따라 수업의 질은 다릅니다.

두 번째, '사생활 노출이 부담스럽다?'. 사실 블로그 검색으로 상위노출이 되는 건 굉장히 어려운 일입니다. 특정 키워드, ○○동 ○○공부방처럼 구체적으로 검색했을 때 노출되는 정도면 충분합니다. 보통 사람들은 그렇게까지 구체적인 키워드를 넣어 검색하지 않습니다. 블로그에 올려 공개한다고 해서 걱정하는, 그런 일은 잘 일어나지 않습니다.

이미지로 말하는 인스타그램

인스타그램에는 이미지 위주로 올려야 합니다. 공부방 사진, 아이들 공부하는 모습, 수업 준비 모습, 학부모의 감동적인 메시지 내용, 문제집 쌓아둔 모습 등등 정말 많지요. 너무 교육 쪽으로 올려야 한다는 부담감은 내려놓고 가볍게 넘길만한 것들, 동네 예쁜 카페와 맛집 사진 등을 이용해 교육과 일상을 같이 보여 주세요. 그래야 볼거리가 다양해집니다. 단 너무 개인적인 일상을 올리는 건 지양하는 것이 좋습니다. 처음엔 막막하고 어렵게 느낄 수 있습니다. 일단 한번 부딪혀 보세요. 게시물을 올린다고 해서 금방 알고리즘 타서 검색되고 DM(다이렉트 메시지)이 막 쏟아지지 않습니다. 시작은 부족해도 하다 보면 요령도 생기고 어느 정도 레벨이 될 때까지 충분히 연습할 시간이 있으니 걱정하지 마세요.

학부모가 인스타그램이나 블로그 등 온라인에서 얻는 정보는 1차적인 느낌입니다. 상위권 위주인지, 관리가 세심한 편인지, 이벤트가 많아 아이들이 좋아할 만한 곳인지, 입소문 난 곳인지 등 분위기를 파악하려는 목적이 큽니다. 글을 잘 쓰는 것도 어느 정도 필요하지만 편안하게 하다 보면 자연스럽게 글과 사진을 통해 내 생각과 철학이 표현됩니다. 잘하려는 부담감을 내려놓고 일단 시작하세요.

핵심만 정리해 볼까요?

1. 나만의 교육철학과 스토리로 소통하는 블로그를 만들자.

2. 이미지로 표현하고 소통하는 인스타그램을 활용하자.

3. 부족해도 당장 시작하자. 연습할 수 있는 시간은 충분하다.

메모해 보세요

10

오프라인으로
홍보하는 방법은?

공부방의 존재를 알리는 오프라인 홍보

오프라인으로 홍보하는 대표적인 방법으로는 아파트 게시판 광고, 학교 앞에서 나눠주는 전단지가 있습니다. 부푼 기대를 안고 열심히 홍보했는데 문의 전화도 거의 없고, '이걸 계속해야 하나, 말아야 하나?' 고민되는 순간이 옵니다. '홍보 효과 = 신규 원생 수'라고 단순하게 생각한다면 그럴 수 있지만 오프라인 홍보는 잠재 고객들에게 '우리 공부방 여기 있다.'라고 존재를 알리는 역할이 더 큽니다.

열심히 홍보해서 한 명만 들어와도 성공이라는 마음으로 시작해야 오래 할 수 있습니다. 효과가 전혀 없다는 말이 아닙니다. 운이 좋아 많이 등록할 수도 있고 반대로 전화 한 통이 없을 수도 있습니다. 결과는 아무도 알 수 없습니다. 그렇지만 우리 공부방이 존재한다는 인지도를 쌓아가는 과정에는 분명 도움이 될 테니 홍보가 등록까지 이어지지 않더라도 실망하지 마세요. 아직은 아이가 어리나 나중에 커서 때가 되면 '○○ 공부방이 있었지.'라고 기억하기도 합니다. 몇 년 뒤에 효과를 볼 수도 있는 겁니다. 그리고 오프라인 홍보가 온라인으로 연결될 수 있도록 QR코드 삽입도 잊지 마세요.(전단지 디자인이 고민이라면 「미리캔버스」, 「망고보드」, 「캔바」 같은 디자인 플랫폼을 활용하여 손쉽게 해결할 수 있습니다.)

좀 더 적극적인 홍보 수단, 설명회

조금 더 적극적인 방법으로는 설명회가 있습니다. 설명회에 참석하면 등록까지 이어질 확률이 높아 꽤 좋은 홍보 방법입니다. 하지만 학부모 참석자를 모으기가 쉽지 않습니다. 대형 학원들도 대대적으로 홍보하고 물량 공세를 펼쳐도 쉽지 않은 게 참석자 모집인데요. 학부모들은 시간을 내야 하는 일이고 또 등록에 대한 부담감도 없지 않기에 설명회 참석은 쉽지 않습니다.

설명회에 조금이라도 더 많은 학부모가 참석할 수 있도록 하려면 어쩔 수 없이 경품을 걸어야 합니다. 커피나, 편의점 쿠폰 같이 많이 사용하는 온라인 상품권을 제공하는 겁니다. 설명회 참석 시 수강료 50% 할인권을 제공하여 등록할 때 혜택을 주는 것도 방법입니다.

쉽지 않은 설명회를 왜 하나, 의문이 들 수 있습니다. 이유는 간단합니다. 일단 설명회를 하면 좀 더 전문적인 느낌을 줄 수 있습니다. 또한 설명회 광고는 사람들이 다른 홍보물보다 잘 읽어보는 경향이 있습니다. 노출 효과가 일반 광고보다 좋습니다. 실제로 나중에 신규 상담할 때 "전에 설명회 광고 봤다.", "어떤 내용인지 궁금했다."라는 얘기를 꽤 들었습니다.

개원 초기, 할 수 있는 건 다 하자

다른 홍보 방법도 다양하게 있습니다. 부동산, 편의점, 빨래방, 커피숍, 미용실 등 공부방 주변에 있는 상점들을 활용하는 겁니다. 동네 사람들이 많이 돌아다니는 곳에 공부방 로고가 찍힌 홍보물을 두는 방법입니다. 주로 볼펜, 연필 등을 전단지와 함께 계산대 앞에 두거나 겨울엔 핫팩, 마스크 등의 무료 나눔을 합니다. 물론 사장님의 허락을 구해야 하는 어려운 점이 있지만 개원 초기라면 많은 사람에게 알리는 것이 먼저라 시도해 보면 좋겠습니다.

개원 초기에 하는 홍보는 이제 막 씨앗을 뿌리는 단계입니다. 결실까지는 시간이 필요합니다. 당장 상담 전화가 없다고 의미 없는 것이 아닙니다. 홍보 효과는 눈에 보이지 않으나 조금씩이라도 쌓이기 마련입니다. 시간이 지나 자리 잡고 나면 더 이상 홍보에 크게 신경 쓰지 않고 입소문만으로도 잘 운영되는 시기가 오니까 일단 희망을 품고 홍보해보세요.

핵심만 정리해 볼까요?

1. 오프라인 홍보는 공부방의 존재만 알려도 성공이다.

2. 지금은 씨앗을 뿌리는 중이니 결실까지 시간이 필요하다.

3. 언젠가 홍보에 신경 쓰지 않아도 되는 날이 온다.

메모해 보세요

입소문은
누가 낼까?

입소문이라는 거?

공부방이 잘 되려면 입소문이 나야 한다는 이야기를 정말 많이 들어봤을 겁니다. 입소문이라는 거, 도대체 누가 내는 것이고 또 입소문이 어떻게 해야 잘 나는 걸까요? 학원이나 교습소는 보통 간판이 있어 오고 가는 사람들 눈에 띄지만 주거지에서 운영하는 경우가 많은 공부방은 입소문의 역할이 정말 중요합니다.

좁은 동네에서 자칫 소문이라도 잘못 날까 두려워서 하고 싶은 말도 참고 행동도 조심하고, 혹시나 길 가다 학부모를 만날까 먼 곳까지 돌아가는 생활에 공감되는 분 많으시죠? 입소문은 무시할 수 없는 강력한 영향력이 있는 것이 사실이지만 또 그렇게 두려워할 필요도 없습니다.

잘하는 아이보다 긍정적으로 바뀐 아이의 말에 더 힘이 실려

먼저 '입소문은 누가 내는가?'부터 이야기해 보겠습니다. 흔히 공부를 잘하고 성적이 잘 나오는 아이들이 소문을 내 줄거라 기대하지만 실상은 그렇지 않습니다. 공부를 잘하는 아이의 부모는 아이 성적이 잘 나오는 이유가 선생님 능력 때문이라고 생각하지 않는 경향이 있습니다. 또한 훌륭한 공부방이라고 소개해서 아이들이 많아지면 경쟁 상대만 늘어나고 선생님의 노력도 분산될 뿐이니 이득 될 게 없다고 판단하기도 합니다.

반대로 공부하기 정말 싫어하고 학원에 보내기도 어려웠는데 유독 어떤 공부방엔 불만 없이 잘 다니고 그 공부방에 가면 재미있다는 말까지 한다면 선생님을 잘 만난 덕분이라고 생각할 확률이 높습니다. 결과적으로 입소문은 나를 힘들게 했던 아이들이 냅니다.

그런데 소개로 오는 친구들 역시 비슷하게 공부를 열심히 하지 않는 경우가 많아서 자칫 힘들어질 수도 있지만 너무 걱정할 필요는 없습니다. 공부방 소개를 꼭 친구에게만 하지는 않거든요. 예를 들어 초등학교 3학년인 아이가 있습니다. 당연히 아이의 친구는 3학년이지만 형은 초등학교 6학년일 수 있습니다. 또 그 형은 동생과 달리 열심히 공부하는 경우일 수도 있고요. 미리 걱정하지 마세요. 세상 일은 모두 알 수 없지요.

공부방 정보는 아이 친구를 통해서

예전엔 입소문을 내기 위해 학부모에게 집중해야 하는 시절이 있었으나 요즘은 입소문의 주체가 아이들로 달라졌습니다. "엄마, 나 공부방 보내 줘."라고 얘기하면 "친구들한테 좋은 공부방 어디인지 물어 봐."라는 대화가 오갑니다. 당연히 이제는 "우리 공부방 좋아요."라고 아이들이 말할 수 있도록 만들어야 합니다.

친구 관계가 중요한 시기이다 보니 친한 친구 소개로 오는 경우가 있습니다. 이미 아이가 친구와 다니기로 마음을 먹었기 때문에 거의 등록으로 이어집니다. 심지어 부모님을 뵙지도 않았는데 전화 상담만으로도 등록하는 경우가 있습니다. 단점은 한 명이 나갈 때 한꺼번에 여러 명이 나갈 수 있다는 건데요. 이때도 친구 사이의 연결 관계를 파악해서 약한 고리를 끊으면 퇴원을 막을 수 있습니다.

입소문 잘 나게 하는 방법

아이들이 말로 쉽게 표현할 수 있는 공부방 이미지가 필요합니다.

선생님의 언어	아이의 언어
"선생님은 너희들 하나하나 다 신경 써서 봐주고 싶어." →	"우리 선생님들은 친절하고 꼼꼼해."
"너희들 더 잘 봐주려고, 신입생은 잘 안 받아." →	"우리 공부방은 다들 다니고 싶어 해."

평소에 하는 말들이 아이들에게 스며들어 아이들의 언어로 표현되면 훌륭한 이미지 자산이 될 수 있습니다.

물론 말로만 한다고 되는 것은 아니죠. 말과 행동이 일치하지 않으면 아이들도 다 알기에 오히려 역효과가 나겠죠. 아이에게 쏟는 에너지와 정성이 결국 "우리 공부방 좋아!"라는 입소문을 만들어주기에 평소 아이들에게 잘하는 것이 답입니다.

핵심만 정리해 볼까요?

1. 입소문 주체가 아이들로 바뀌고 있다.

2. 소문내고 싶은 공부방 이미지를 구상하여 평소에 말로 표현하자.

3. 평소 아이들에게 잘하는 것이 정답이다.

메모해 보세요

12

등록으로 이어지는
상담 방법은?

많은 정보를 끌어내는 경청 상담

신규 상담은 늘 어색하고 긴장이 됩니다. 등록까지 이어가야 하는 부담감도 있으니 쉽지 않을 수밖에요. '어떻게 하면 잘할 수 있을까?' 고민이 될텐데요. 흔히 공부방의 시스템이 얼마나 좋은지, 믿고 맡길 수 있는 사람인지 어필하기 위해 자기 이야기를 먼저 하곤 합니다. 하지만 좋은 결과를 낳으려면 일단 먼저 잘 듣는 상담이 훨씬 유리합니다.

학부모님들의 이야기는 공부를 주제로 시작됩니다. '아이가 수학 문장제 유형을 어려워한다.' '지문이 길어지면 문제 파악을 잘 못한다.' '급하게 풀어서 계산 실수가 잦다.'처럼 주로 학습적인 고민을 말씀하십니다. 하지만 이는 수업해 보면 금방 파악할 수 있으니 참고는 하되 더 중요한 부분을 묻고 집중해서 들어야 합니다.

첫 번째, "지금까지 어떻게 공부했을까요?"

"지금까지 어떻게 공부했을까요?" 이렇게 첫 질문을 해 보세요. 부모님의 답변을 잘 들으면 공부방을 옮기는 이유가 나옵니다. 만약 불만 때문이라면 나중에 우리 공부방을 그만두는 이유가 될 수도 있기에 매우 중요합니다.

"너무 진도를 천천히 나가요."(선행 요구)
"심화 문제를 안 풀어 줘요."(심화 수업 강조)
"아이들이 많아 시끄럽대요."(관리 중요)
"단원 평가 결과가 좋지 않아서요."(단원 평가 시기에 집중 관리 필요)
"싫어하는 친구가 있어서요."(친구 관계 중요)
"숙제가 많아 집에서 봐 주기 힘들어요."(적당한 학습량 요구)

이처럼 사람마다 중요하게 여기는 부분이 다 다릅니다. 학부모의 다양한 요구를 모두 수용할 수 없더라도 제일 중요하게 생각하는 딱 하나의 문제만 잘 해결해도 퇴원율은 확 줄어듭니다.

공부방을 처음 보내는 분들도 종종 있습니다.

"그동안 제가 가르쳤는데 이젠 제 말을 안 들어요."(아이와의 관계 중요)
"어려워져서 제가 가르치기 힘들더라고요."('이럴 거면 내가 가르치지.'라는 마음이 생기지 않도록 전문성 부각 필요)
"동생이 어려서 제가 봐줄 시간이 없어요. 취직해서 바빠졌어요."(신경 쓰이지 않도록 일정 관리 필요)

두 번째, "학교 끝나고 아이 일정은 어떻게 될까요?"

"학교 끝나고 아이 일정은 어떻게 될까요?" 이 질문을 통해서는 수업 시간대에 대한 정보를 얻을 수 있습니다. 요즘 아이들 정말 바쁩니다. 일단 정보 파악이 우선입니다. 대부분 영어와 수학처럼 주요 과목 하나, 태권도, 줄넘기, 피아노, 미술 같은 예·체능 하나, 그리고 학원 차량 시간에 딱 맞추어야 하는 대형 어학원 같은 곳에 다니고 있을 겁니다.

먼저 일정을 확인하고 내 수업을 끼워 넣을 시간을 찾아야 합니다. 만약 비어있는 시간대가 마땅치 않아 다른 곳과 겹치면 상대적으로 쉬운 예·체능 계열 학원 시간표를 변경하는 방법을 제시해 보세요. 힘든 일정 관리를 대신해 주는 효과가 있어 등록률이 높아집니다.

세 번째, "이전 학원에서 어떤 이야기를 들으셨나요?"

세 번째 질문은 "전에 다닌 학원에서는 어떤 이야기를 들으셨나요?", "학교 담임선생님이 무슨 말씀을 많이 하셨나요?"처럼 아이의 성향 파악에 도움 될 만한 질문이 필요합니다. 아이의 실력은 수업해보면 금방 파악됩니다. 그보다 중요한 것은 바로 아이의 성향입니다.

예민해서 낯선 환경을 힘들어하는 아이인지, 반대로 지나치게 주변에 관심이 많아 온갖 참견으로 분위기 흐리는 아이인지, 마음이 유리알 같아 작은 일에도 눈물 바람인 아이인지, 자존심이 강한 아이인지 등 성향을 파악해두면 앞으로 생길 많은 문제점을 예상할 수 있습니다. 예상하고 있으면 당연히 대비책 마련도 쉽겠죠.

네 번째, 주도권이 누구에게 있는지 살펴보세요.

네 번째 질문은 누가 주도권을 쥐고 있는지 파악하기 위함입니다. 상담은 가급적 아이도 함께하면 좋습니다. 부모와 아이의 상호작용을 보면서 누구에게 주도권이 있는지 파악해 보세요. 예전엔 거의 부모가 결정권자였지만 요즘은 주도권이 아이에게로 넘어온 경우가 더 많아졌습니다.

파악하는 방법은 간단합니다. 부모와 대화하는 동안 옆에 있는 아이의 행동을 살펴보세요. 아이가 얌전하게 앉아있다면 결정권이 부모에게 있을 확률이 높습니다. 그렇다고 100%는 아닙니다. 낯선 환경에서 주변을 관찰하느라 조용히 있는 것일 수도 있습니다. 만약 부모가 아이에게 "너는 어때, 이렇게 해도 괜찮을까?"라고 질문한다면 어느 정도 아이의 의견도 반영하는 경우라고 볼 수 있습니다. 한편 대화 중인데도 부모의 말을 끊고 본인 얘기를 하는 아이들이 있습니다. 평소 허용적인 부모일 확률이 높아 주도권이나 결정권이 아이에게 있는 경우라고 볼 수 있습니다.

결정권이 누구에게 있는가는 좋고 나쁨을 이야기하지 않습니다. 누구에게 초점을 맞춰 상담해야 하는지, 판단하는 데 필요한 정보입니다. 아이에게 결정권이 있는데 숙제를 철저하게 시키고, 오답 관리를 열심히 한다는 등 아이가 싫어할 얘기를 굳이 강조할 필요는 없겠지요. 아이 눈높이에 맞추어 칭찬 도장 상품이나 재미있는 이벤트 같은 걸 소개하는 것이 오히려 도움이 됩니다.

첫 번째 상담에서 모든 것을 완벽하게 파악하기는 어렵습니다. 사람이 늘 일관된 생각을 하는 것도 아니라서 시간이 지나면서 상담 때와는 다른 이야기를 할 수도 있습니다. 그렇지만 등록에 신경 써야 하는 첫 상담이기에 부모 또는 아이가 중요하게 여기는 부분이 내가 생각하는 부분과 조금 다르더라도 어느 정도 맞추고 시작하세요. 시간이 지나면서 차차 나의 스타일로 변화시키면 됩니다.

거듭 강조하지만, 첫 번째 상담에서는 무조건 경청하세요. 잘 들었기에 알아낸 정보를 통해 상대가 원하는 부분에 대한 해결책을 제시하면 등록까지 이어질 수 있습니다.

핵심만 정리해 볼까요?

1. 공부방을 옮기는 이유는 무엇인지 알아보자.

2. 아이의 다른 학원 일정은 어떻게 되는지 파악하자.

3. 이전 공부방이나 학교에서 어떤 이야기를 자주 들었는지 묻고 아이의 성향을 파악하자.

4. 결정권은 부모와 아이, 어느 쪽에 있는지 살펴보고 맞춤 상담을 하자.

메모해 보세요

교육의 흐름을 이해하면
상담도 쉬워진다

교육의 변화를 반영한 상담의 전문성

시대가 바뀌면 사람들의 가치관도 서서히 변하는 것처럼 교육도 그동안 많은 변화를 겪었습니다. 교육이 추구하는 핵심 가치가 달라지면 평가 방식도 달라지고 그에 따른 학부모의 요구도 변하기 마련입니다. 교육의 변화 특히, 중요한 흐름을 미리 이해하고 학부모들에게 설명할 수 있어야 합니다.

수학 교육을 중심으로 어떻게 달라졌는지 알아보겠습니다.

교육과정	고시 시기	적용 시기	주요 특징
2009 개정	2009년 12월	2011년(초1·2, 중1, 고1) 2012년(초3·4, 중2, 고2) 2013년(초5·6, 중3, 고3)	- 수준별 학습 강화 - 실생활 중심의 문제해결 강조 - 함수와 확률·통계의 비중 증가 - 수학적 의사소통 능력 함양
2015 개정	2015년 9월	2017년 (초1·2) 2018년 (초3·4, 중1, 고1) 2019년 (초5·6, 중2, 고2) 2020년 (중3, 고3)	- 핵심역량 중심의 교육 - 추론 능력 및 창의적 사고 강조 - 수학의 융합적 사고와 타 교과 연계 강화 - 학습 내용의 적정화(학습 부담 경감)

2022 개정	2022년 12월	2024년 (초1·2) 2025년 (초3·4, 중1, 고1) 2026년 (초5·6, 중2, 고2) 2027년 (중3, 고3)	- 디지털 및 AI 시대 대비 수학 역량 강화 - 학습자 주도성 및 자기 주도적 학습 강조 - 문제 해결 과정의 협력과 소통 중시 - 개인화된 학습 환경과 기술 활용

다른 과목에 비하면 비교적 수학은 변화가 적지만 꽤 많이 달라졌습니다. 국가 수준의 교육과정이 자주 바뀌다 보니 어떤 집은 첫째와 둘째의 입시 제도가 달라 매번 관련 정보를 새로 공부해야 한다는 학부모의 불만도 자주 들었습니다. 당연히 아이들의 학교 공부는 물론, 입시 제도에 영향을 미치는 변화를 충분히 숙지하고 상담해야 믿음도 주고 전문성을 인정받을 수 있습니다.

담임 선생님의 평가가 중요한 초등 수학

계산이 빠른 아이가 수학을 잘한다고 생각하던 때가 있었습니다. 연산 학습지의 인기가 대단했던 시절이었지요. 그러다가 복잡한 연산이 오히려 아이들의 수학 공부를 힘들게 한다는 지적이 제기되면서 연산보다는 실생활 문제의 해결에 활용하는 사고력을 강조하는 분위기로 바뀝니다. 서술형 문제를 풀 수 있는 사고력을 중시하는 흐름이 나타나게 된 거죠. 학부모들 사이에서도 최상위 문제나 심화 문제를 풀어야 한다, 선행보다는 심화가 핵심이라는 인식이 나타났습니다.

당연히 학부모들은 아이가 연산은 그럭저럭했는데 서술형 대비를 어떻게 해야 할지 불안한 마음에 학원으로 보내게 됩니다. 이어서 2016년에는 초등학교에서 중간·기말고사와 같은 정기적인 시험이 폐지되면서 객관적으로 우리 아이 수준을 확인할 수 없어서 부모 마음이 또다시 불안해집니다. 대형 학원에서 치르는 레벨 평가나, 경시대회, 영재 검사 등을 통해 검증하려는 움직임이 나타나는 건 당연하겠죠. 경시대회가 부흥하고 수상 실적이 많을수록 유능한 학원으로 인정받았습니다.

　그러다가 과정 평가, 담임 선생님의 평가를 강조하는 시기로 넘어왔습니다. 아이를 직접 가르치는 담임 선생님이 가장 잘 평가할 수 있다는 취지인데 결과적으로 수행평가가 중요해졌습니다. 지필 평가와 달리 수행평가는 점수를 매기지 않고 '잘함', '보통', '노력 요함'처럼 (학교마다 평가 기준 다름) 애매한 표현을 사용하는데 교육적인 의도로 웬만하면 '잘함'으로 평가하기에 초등은 시험으로부터 좀 자유로워진 것도 사실입니다.

수행평가가 중요해진 중·고등 수학
　중학교 수학도 달달 외게 했던 시절을 지나 서술형이 강조되고 있습니다. 비록 답은 틀려도 풀이 과정을 맞게 쓰면 부분 점수를 주겠다는 좋은 취지였는데요. 문제는 배점이 커서 한 문제만 틀려도 6, 7점이 깎여 아이들의 부담이 커지는 부작용이 나타났습니다. 성적에 예민한 학부모들이 이의 제기를 하는 등 논란이 많아지자 거의 답이 정해진 유형으로 바뀌면서 서술형에 대한 부담도 다소 줄어드는 추세입니다. 한편 상위권 아이들의 변별력 문제가 발생하게 되는데요. 2022 개정 교육과정부터는 보완책으로 증명과 서술형이 강화되는 추세로 변화될 것으로 보입니다.

　지금은 수행평가의 비중이 점점 높아져서, 시험을 아무리 잘 봐도 수행평가를 망치면 안 됩니다. 평상시 수행평가 관리, 태도 관리를 잘해 주어야 합니다. 시험 성적이 좀 안 나오더라도 수행평가를 잘 보면 보완할 수 있습니다.

떠오르는 교육 키워드, 문해력과 고교학점제

요즘은 교육 이슈로 문해력이 뜨고 있습니다. 여기저기서 '문해력이 문제다.'라는 지적이 나오고 대중적인 관심사로 떠올랐습니다. 학부모들의 관심도 매우 높기에 불안감을 기대로 바꿀 수 있는 대안과 방법론을 준비해서 상담할 필요가 있습니다. "민지가 문해력이 부족해서 혼자 푸는 건 어려워하지만 문제를 읽고 식을 함께 세우면 곧잘 합니다. 앞으로는 서술형이 중요해서 문장제 유형에 좀 더 신경 쓰겠습니다." 라는 식으로 부모들도 인지하고 있는 변화를 적극 반영한 상담이 효과적입니다.

고교학점제도 빼놓을 수 없죠. 학부모들의 관심이 집중된 고교학점제는 진로와 적성에 맞춰 원하는 과목을 선택하고 이수한 학점에 따라 졸업하는 제도인데요. 역시 본격적으로 시행하고 나서 교육 현장이 어떻게 바뀔지, 입시에 어떤 영향을 미칠지, 관심 갖고 지켜봐야 합니다.

문해력, 고교학점제와 같은 중요한 교육의 변화를 상징하는 키워드들을 상담할 때 적절히 녹여준다면 훨씬 전문성 있고 유능한 선생님으로 인정받을 수 있을 겁니다.

흐름을 반영한 상담, 공부해야

저는 교육이 살아 움직이는 생물 같다고 생각합니다. 처음 의도한 대로 되는 경우는 거의 없더라고요. 한 번 해 보고 그에 따른 부작용이 나타나면 다시 고치고, 새로운 정책이 또 등장하는데 앞으로 그 변화의 시기는 점점 빨라지고 다양해질 거라 생각됩니다.

교육계에 큰 이슈가 있을 때마다 찾아보고 공부하는 노력이 필요합니다. 다행히 요즘은 블로그, 유튜브 같은 다양한 채널을 통해 정보는 쉽게 얻을 수 있어 별로 힘들지 않습니다. 아이 교육에 관심이 많은 학부모는 특히 이런 이슈들에 민감합니다. 교육 전문가로 활동하고 있는 우리는 정보에 더 빨라야 합니다. 교육 영역에 나타나는 중요한 변화는 학부모들에게 불안감을 유발하고 사교육 시장을 움직입니다. 특히 이제부터 본격 적용되는 2022 개정 교육과정은 디지털 환경의 전면화와 인공지능(AI) 시대를 대비하는 미래 지향적인 교육으로의 전환을 예고하고 있습니다. 민감하게 관심을 가지면 좋을 것 같습니다.

핵심만 정리해 볼까요?

1. 교육의 변화, 흐름을 이해하자.

2. 최신 교육 키워드는 학부모보다 먼저 알아야 한다.

3. 흐름을 반영하는 상담은 전문성을 느끼게 한다.

메모해 보세요

3장

미리 알아야 할 재원생 관리법

14

미리 알아채는
퇴원생의 신호는?

퇴원 전 아이들이 보내는 신호

공부방을 운영하면서 퇴원생이 생겼을 때 가장 스트레스를 많이 받는 것 같습니다. '드릴 말씀이 있습니다.'라는 메시지를 확인하면 괜히 가슴이 쿵 내려앉는 기분이 듭니다. 차마 열어볼 수 없어 심호흡 한번 하고 보게 되는데요. 별일 아니면 안도의 한숨을 쉬지만 우리가 상상하는 바로 그 내용이라면 마음이 복잡해집니다.

그나마 받아들이기 쉬운 사유는 이사를 가는 경우죠. 나의 잘못도 아니고 상황이 그런 거니까 아쉽지만 보낼 수 있습니다. 그런데 '과외를 하기로 했습니다.' '대형 학원에 다니려고요.' '잠시 쉬려고 해요.' 같은 이유라면 씁쓸해집니다. 그 충격은 사람마다 다르지만 짧게는 2~3일, 길게는 몇 주씩 계속되기도 하지요. 퇴원생, 사전에 알아차릴 방법은 없을까요?

신이 아닌 이상 100% 눈치 채기 힘듭니다. 그래도 퇴원이 예상되는 아이들의 특징이 있습니다. 만약 전조 증상이 보일 때 미리 대응책을 마련해두면 스트레스를 덜 받을 수 있습니다.

첫 번째, 혼자서 조용하게 잘하는 아이

조용하게 혼자 알아서 잘하니 손이 많이 가지 않는 아이들이 있지요. 숙제도 잘해오고 시키는 대로 척척 풀어냅니다. 난리법석인 아이들 사이에 있으면 사막의 오아시스와도 같은 존재인데요. 그래서 이런 아이들이 퇴원하면 충격이 더 큽니다.

'아무 문제가 없었는데, 갑자기?'라는 생각이 들 수 있지만 이런 아이들은 표현을 안 할 뿐 주변 상황이 시끄럽거나 정신없는 경우 스트레스를 많이 받습니다. 수업을 하면 선생님은 아무래도 말썽쟁이들을 더 신경 쓰게 됩니다. 종종 실랑이가 벌어지는데 이때 같은 공간에 있는 아이는 불편함을 느낍니다. 어른들도 전혀 자신과는 관련이 없지만 옆에서 누가 서로 싸우고 있다고 생각해 보세요. 그런 곳에 같이 있는 것만으로도 힘들 수밖에요. 아이들도 마찬가지입니다. 비슷한 상황이 반복되면 '너무 시끄럽다.' '정신이 하나도 없다.'라는 이유로 그만두게 됩니다. 좀처럼 내색하지도 않았기에 잘하고 있다고 생각하다가 보물 같은 아이를 놓치게 되는 겁니다. 이런 아이들은 시간대를 바꾸거나 공간을 분리해주고 그마저도 어려우면 '너의 불편한 마음을 선생님이 알고 있다.'라고 이야기해 주어야 합니다.

또 초보 선생님이 많이 하는 실수인데요. 잘하니까 안심하고 혼자 두는 시간이 길어지는 경우입니다. 아이들은 '이렇게 혼자 공부할 거면 차라리 집에서 하지.'라는 생각이 들 수 있습니다. 보통은 "별로 도움이 되는 거 같지 않다."라는 말을 하고 그만두는 경우입니다. 심화 유형이나 조금 높은 난도의 문제를 풀게 해서 공부방에 오면 배울 게 있다고 느끼도록 해야 합니다. 그리고 가끔은 따로 휴식 시간을 주고 말을 걸어 관심을 보여야 합니다. 혼자서 잘하고 수업하기 편한 아이 일수록 의식적으로 챙겨야 아이들을 놓치지 않습니다.

두 번째, 마찰이 잦아진 아이

예전과 달리 수업 시간에 자주 늦거나 결석이 늘고, 이유를 물으면 핑계가 점점 많아지는 경우 모두 위험한 신호입니다. 공부방 문제일 수도 있고 아이가 공부 자체에 관심이 없어졌기 때문일 수 있습니다. 이럴 땐 보통 두 가지 마음이 생깁니다. '나를 이렇게 힘들게 하니 차라리 그만두는 게 나을지도 모른다.' 반대로 '내가 끝까지 지도하고 싶다.'라는 마음이지요. 만약 그만두면 좋겠다 싶은 마음이 더 큰 경우라면 조만간 이별하는 순간이 옵니다. 내가 먼저 그만두라고 하기 보다 스스로 그만두도록 하는 것이 뒷말이 적고 길게 봤을 때에도 나쁘지 않습니다. 학부모에게 지금 아이의 상황을 솔직하게 설명해주는 것만으로도 사후 처리는 충분합니다.

반대로 계속 가르치고 싶은 마음이 더 크다면 빨리 원인을 파악하세요. 아이들은 공부하기 싫은 마음이 절반, 안 하면 불안한 마음이 또 절반이라 이중적인 마음을 가지고 있습니다. 공부방에 다니면서 평소 어땠는지, 어떤 점이 힘든지 아이와 의논해 보세요. 진심 어린 관심만으로도 아이는 달라지곤 합니다.

사전에 아무런 낌새도 보이지 않아서 전혀 몰랐다고 이야기하는 분들도 있는데 무 자르듯이 단칼에 그만두는 경우는 드뭅니다. 분명 어떤 방식으로든 신호를 보냈을 겁니다. 너무 흔하지만 "선생님, 저 3시에 가면 안 돼요?"라고 수업 시간을 바꿔 달라는 전화를 자주 한다면, 빨리 공부방 끝내고 쭉 놀고 싶은 아이와 중간에 수업을 넣어 혼자 게임 하는 시간을 줄이고 싶은 엄마 마음이 충돌하는 경우일 수 있습니다. "숙제할 시간이 없어요."라고 하면 공부하기 싫은 핑계이거나 숙제 양이 실제로 많거나 숙제로 인해 집에서 갈등 상황이 생기는 경우일 수 있습니다. "너무 어려워서 못 풀겠어요."라는 말을 들으면 진짜 어려운 것도 아닌데 '이 정도도 공부를 안 하면 어떡하나.'라는 걱정이 듭니다. 그래도 아예 공부를 놓아 버리기보다 그래도 조금이라도 계속하는 것이 더 낫잖아요. 물론 공부시켜야 하는 책임감과 신념이 있어 쉽지 않지만 잠시 내려놓는 지혜도 필요합니다.

세 번째, "저, 이번 달까지만 한대요."라고 말하는 아이

학부모에게 받은 연락이 따로 없는데 아이가 먼저 말을 하는 경우입니다. "어제 다른 학원 테스트 갔다 왔어요." "엄마가 (저 보고) 이번 달까지만 다닐 거래요." 아이들끼리 "야 너, 공부방 끊는다면서…"라고 수군거리기도 합니다. 어찌 되었건 유쾌한 상황은 아닙니다. 아이는 자신에게 있었던 일을 별 생각 없이 말하기도 하지만 살짝 선생님의 반응을 보기 위한 마음이 들어있기도 합니다.

위와 비슷한 이야기를 들었다면 이미 결정된 상황일 확률이 높습니다. 조금 희망적으로 본다면 집에서 "그렇게 공부 안 하면 학원 다 끊을 거야."라고 홧김에 한 말을 그대로 전하는 경우일 수도 있지만 아이들도 화나서 그냥 하는 말인지 아닌지 정도는 알기에 마음의 준비를 해야 합니다. 혹시 아직 고민 중인 거 같다, 놓치고 싶지 않다는 생각이 든다면 적극적으로 전화 상담을 통해 해결책을 제시해 보세요. 불만 사항을 확인해서 적극적으로 대처하면 더 다니기도 합니다. 전화까지 하고나면 결과가 바뀌지 않더라도 내가 할 수 있는 노력은 다했으니 미련이 덜 생깁니다.

사실 그렇게까지 하기 싫다면 안 해도 됩니다. 결과를 바꾸기 힘든 상황이거든요. '별문제 없었는데 왜 그러지? 혹시 아이는 다니고 싶은데 엄마가 바꾸고 싶은 걸까?'라고 생각할 수 있지만 그런 경우였다면 아이가 나에게 표현하지는 않습니다. 오히려 엄마가 "저는 대형 학원을 보내보고 싶었는데 민찬이가 여기를 계속 다니고 싶다고 해서 고민이네요."라고 말했을 겁니다.

퇴원생이 예상되면 내 마음의 소리를 듣자

수업해보면 느낌이 옵니다. '아! 오래 못 가겠구나, 뭔가 있구나.'라는 생각이 들었을 때 먼저 자기 감정부터 살펴보세요. 잡고 싶은 마음이라면 적극적으로 해결책을 제시해야 하고, 조용히 정리하고 싶은 아이였다면 자연스럽게 떠나보내는 기회라고 받아들이면 됩니다. 갑자기 통보받는 게 아니라 내가 스스로 판단해서 결정한 일이기에 조금은 덜 상처받을 수 있습니다.

공부방 선생님은 이별에 익숙해야 하는 직업입니다. 언제라도 그만둔다는 통보를 받을 수 있습니다. 어떤 일이 생겨도 수용할 수 있는 마음의 단단함을 가지길 바랍니다.

1. 잘하는 아이라고 혼자 오래 두는 것은 위험하다.

2. 갑자기는 없다. 나에게 보내는 신호를 알아차리자.

3. 그만두는 걸 미리 알았다면 내 마음의 소리를 들어보자.

메모해 보세요

15

신규보다 중요한
재원생 관리 방법은?

재원생이 유지되는 평온한 상태가 최고

퇴원생 없이 그대로 유지되면 비록 신규 원생이 늘지 않아도 스트레스가 적고 행복합니다. 5명이 그만두고 5명이 신규로 들어오는 경우는 인원엔 변함이 없으나 신규 원생이 적응될 때까지 신경 쓸 일도 많고 돌발 상황도 생겨 힘든 일이 많습니다. 반대로 이미 수업 방식에 잘 적응한 아이들은 호흡이 척척 맞아 똑같은 일을 해도 에너지가 훨씬 덜 쓰입니다.

그래서 신규 원생 모집보다 중요한 것이 재원생을 꾸준히 유지하는 것입니다. 물론 아이들이 그만두는 이유는 너무나도 다양합니다. 각각의 사정을 다 알 수도 없고, 안다고 해도 다 막을 수 있는 것도 아니지만 평소에 불만이 생기지 않도록 노력한다면 최소한으로 줄일 수 있습니다.

첫 번째, 학부모 성향에 맞게 효과적으로 관리하기

요즘 유행인 MBTI는 학부모 성향 파악에 도움이 됩니다. 학부모들의 MBTI를 모두 알 수는 없어도 감정형(F)인지 사고형(T)인지, 계획형(J)인지 즉흥형(P)인지만 파악해도 됩니다. 먼저 감정형과 사고형의 차이는 연락할 때 느낄 수 있습니다. 사고형(T) 학부모는 보통 정보전달 중심의 문자를 보냅니다.

"선생님 안녕하세요. 오늘 민찬이가 병원에 왔는데 대기가 많아 30분 정도 늦을 거 같습니다."
14:30

반대로 감정형(F) 학부모의 경우는 이모티콘을 쓰거나 자세한 상황 설명이 들어가고 대부분 문자 내용이 꽤 깁니다.

"안녕하세요 선생님😭 우리 민찬이가 아침부터 코를 훌쩍대더니 감기에 걸린 듯합니다. 오늘 병원 진료를 왔는데 사람이 너무 많아 30분 정도 지각을 할 것 같습니다. 늦으면 안 된다고 걱정하네요. 얼른 챙겨서 보내겠습니다."
14:30

만약 사고형인 경우라면 긴 답변보다는 "네 알겠습니다. 진료 잘 보고 보내 주세요." 정도로 해도 충분합니다. '혹시 너무 성의 없는 건 아닐까, 기분 나쁘게 받아들이면 어떡하지?' 같은 걱정은 하지 않아도 괜찮습니다. 반면 감정형 학부모에게는 짧게 답하면 서운해 할 수 있습니다. "어쩐지 어제 컨디션이 안 좋아 보이던데, 그랬군요. 알겠습니다. 진료 잘 보고 보내 주세요. 아프지 말아야 할 텐데 걱정입니다."처럼 메시지를 길게 써서 보내 주세요. 그래야 본인과 아이가 관심을 받고 있다고 여깁니다. 사고형 부모라도 감정형 부모에게처럼 문자를 보내는 것도 나쁘지 않습니다. 답변이 친절하고 과한 건 문제되지 않습니다. 조금 시간이 들더라도 웬만하면 답변은 단체 문자보다는 맞춤으로 신경 써서 보내주세요. 단체 문자가 효율적이고 편할 수 있지만 작은 성의가 모여 믿음으로 돌아옵니다.

이번에는 계획형(J)과 즉흥형(P)의 차이를 알아보겠습니다. 학부모가 계획형이라면 어떤 일이 있을 때 늦어도 일주일 전에는 연락이 옵니다.

계획형(J) 학부모 "다음 주 일주일 동안 학교 생존수영 기간이라 하교가 늦는데 수업 시간을 어떻게 하죠?"
15:30

만약 생존수영 기간이라는 정보를 미리 확인했다면, 계획형 학부모에게는 먼저 "민찬이는 다음 주에 생존수영 수업이 있어서 시간을 변경해야 할 것 같은데 몇 시로 하면 편하세요?"처럼 미리 해결 방안을 제시하세요. '우리 아이에게 관심이 많구나, 아이가 잘 관리받고 있구나.'라는 믿음이 생기겠죠.

반대로 즉흥형 학부모에게는 미리 얘기하지 않아도 됩니다. 어차피 지금 "알겠습니다."라고 대답해도 미리 챙기지 않을 가능성이 크기에 오히려 직전에 하는 것이 좋습니다. 즉흥적인 분들은 "민찬이가 아직 안 왔는데 확인 부탁드립니다."라고 문자를 보내면 그때가 돼서야 말씀하십니다.

즉흥형(P) 학부모 "아! 선생님 제가 깜빡하고 말씀을 안 드렸는데 오늘 생존수영 수업이 있어서 6교시라 늦어요."
15:30

즉흥형 성향의 분들에게는 계획형처럼 미리미리 말씀드리면 오히려 부담을 느끼고 불편하게 받아들일 수 있습니다. 선생님에게도 역시 알겠다고 대답해놓고 미리미리 대비하지 못해 스트레스를 받기도 합니다. 이처럼 평소에 학부모와 연락할 때도 성향에 맞게 효율적으로 하면 에너지도 적게 들고 효과적으로 관리할 수 있습니다.

두 번째, 1일 1관심 표현하기

매일 만나는 아이들의 마음을 신경 쓰는 일도 정말 중요합니다. 하루에 한 가지씩 관심을 표현해주세요. 아이들이 '선생님이 나를 좋아하고 있구나!'라고 평소에 느끼는 게 중요합니다. "머리 잘랐네, 멋있다!", "기침은 좀 괜찮아?"처럼 아이의 모습과 일상에 관심을 기울여 공부방에 올 때마다 한마디씩 해주면 신뢰 관계가 잘 형성될 수 있습니다.

물론 아이들은 우리가 기대하는 "네, 선생님 감사합니다."처럼 반응하지 않을 수도 있습니다. "아닌데요. 전에 자른 건데요." "기침 아니고 열났던 건데요."라고 청개구리처럼 답할지도 모릅니다. 그렇다고 상처받지 마세요. 아이 마음속에 사랑의 씨앗이 뿌려지고 있다고 믿고 꾸준하게 실천해 보세요.

세 번째, 공부방 갈등 상황, 긍정 언어로 바꿔 주기

공부방에서 아이들 사이에 벌어지는 크고 작은 갈등 상황은 피할 수 없습니다. A의 지우개를 말도 없이 B가 가져다 쓴 상황입니다.

A: "야, 너 왜 내 지우개 훔쳐 가?"
B: "나, 안 훔쳤어. 내 건 줄 알았다니까!"

A는 본인 지우개를 B가 말도 없이 가져간 상황에 화가 난 것이고 B는 그냥 책상에 지우개가 있어 썼는데 도둑으로 몰리니 억울합니다. 만약 그때 바로 상황을 수습하지 못하면 A는 집에 가서 "엄마, B가 내 지우개 훔쳐 갔어."라고 말합니다. 또 이 사건과 아무 관련도 없던 C는 "엄마, 오늘 B가 A 지우개 훔쳤어."라고 말을 합니다. 이런 이야기를 듣는 학부모님들은 어떤 생각을 할까요? 공부방 이미지가 나빠질 수 있겠지요. 별일 아닌 거 같지만 주의가 필요합니다.

공부방에서 벌어진 일을 아이들이 외부로 전달할 것을 대비해, 긍정의 언어를 사용하도록 미리 정리해줘야 합니다. 꾸미거나 거짓말을 하자는 이야기가 결코 아닙니다. '모르고 가져갔다'와 '훔쳤다'는 완전히 다릅니다. "A가 아끼는 지우개를 B가 말없이 가져갔으니 속상한 마음이 들었겠다. 근데 사람은 실수할 수 있어. 이해해 주자. 그리고 B도 남의 물건은 물어보고 써야지." 이렇게 아이들이 표현할 수 있는 긍정 언어로 바꾸어 주세요. 갈등 상황이 밖으로 전달될 때 와전되지 않도록 아이들이 표현하기 쉬운 언어로 바꿔주어야 합니다. 그렇게 해야 공부방 이미지를 지킬 수 있습니다.

재원생 관리 방법은 의외로 간단합니다. 학부모에게는 '선생님이 내 아이에게 충분히 관심을 기울이는구나.'라는 믿음을 주고 아이들에겐 '선생님이 나를 좋아하는구나.'라고 느끼게 하면 됩니다. 공부방에 대한 부정적인 이야기, 나쁜 소문이 돌지 않도록 노력하는 작은 정성이 쌓이면 퇴원생 0%를 만들 수 있습니다.

핵심만 정리해 볼까요?

1. 학부모 성향을 파악하고 맞춤형으로 소통하자.

2. 아이들에게 하루에 한 가지 이상 관심을 표현하자.

3. 공부방 이야기가 밖으로 나갈 때 아이들이 긍정적으로 말할 수 있도록 지도하자.

메모해 보세요

16

"휴~, 말해 뭐하나요!"
사춘기 아이들 관리법은?

"모르겠어요."

"어제도 풀었던 거잖아. 기억 안 나?"

"……."

"다시 설명해 줄게. 잘 들어봐!"

(설명이 끝나자마자 바로 하는 말.)

"그런데 뭔 소리인지 하나도 모르겠어요."

"일단 한번 풀어 봐. 풀어보지도 않고 모르겠다고 하면 어떡하니?"

"진짜 하나도 모르겠는데 어떻게 풀어요?"

사춘기 절정의 아이들 상대로 수업하다 보면 위와 비슷한 대화를 하루에도 몇 번씩 하게 됩니다. 속으로 '그렇게 공부하기 싫으면 집에 가도 돼. 괜히 분위기 흐리지 말고 제발….'이라는 말이 턱밑까지 차오르지만 차마 할 수는 없죠. 아이들과 실랑이하다 보면 공부하러 오는 건지, 시간 때우러 오는 건지 고민이 많아집니다. 한편으론 사춘기니까 하면서 어느 정도 이해하는 마음도 드나 선생님도 사람인지라 상황이 반복되면 쉽지 않습니다.

사춘기 아이, 부모님 마음은 어떨지?

'유독 공부방에 와서 나에게만 그런 건 아닐까'하고 한 번쯤 생각해 보게 되지만 어디에서도 상황은 비슷할 겁니다. 이미 부모님은 어떤 곳을 통해서든 상황을 전달받아 어느 정도 알고 있을 겁니다.

그렇다면 아이의 부모님 마음은 어떨까요? 공부방에서 100% 집중하지 않더라도 뭐라도 하나 알아 오지 않을까, 한 문제라도 풀고 오지 않을까, 어쩌면 아이가 싫다 소리 안 하고 꼬박꼬박 가는 것만으로도 다행이라 생각할지도 모릅니다. 아이들 역시 지금 당장 공부하기는 싫지만 그래도 공부를 못하고 싶지는 않을 겁니다. 아이의 마음 한편에는 공부를 안 하면 안 될 것 같은 불안감도 어느 정도 존재하고 있을 테니까요.

사춘기 아이들과 어떻게 잘 지낼까?

반항심 넘치는 아이들과 잘 지내는 방법은 '인정해 주기'와 '솔직하게 내 감정 말하기'입니다. 우선 인격적으로 먼저 존중해 주어야 최악의 사춘기 '진상 짓'을 예방할 수 있습니다. 욕하는 아이에게 감정적으로 맞대응하면 상황이 나빠질 따름입니다. "오늘은 영 공부가 안되는 날인가 보네. 기분 나쁜 일이 있으면 그럴 수 있지 뭐!" 일단 시비를 가리지 말고 아이의 언행을 수용할 필요가 있습니다. 그리고 나서 "그런데 말이야, 그렇게 말하면 듣는 사람 기분이 좋지 않고 네 기분도 좋아지지 않을 것 같은데, 잠깐 물 마시고 오는 건 어때?" 잠시 주의를 돌려 상황 자체를 바꾸려고 해야 합니다. 만약 아이의 불손한 말에 꽂혀 감정이 올라오면 잠시 자리를 피하거나 다른 아이에게 관심을 기울여 감정적으로 충돌하지 않도록 노력해야 합니다.

물론 직업의 특성상 아이들이 공부를 하도록 지도하는 것이 맞지만 좋은 관계를 유지하는 데 실패하면 아무리 열심히 가르쳐도 아이는 따르지 않게 됩니다. 어떻게 해서라도 공부하도록 지도해야 한다는 부담감, 책임감, 조급함은 일단 내려놓는 게 중요합니다.

겉으로 드러난 아이들의 언행에는 분명 잘못이 있지만 그렇게 행동하도록 만든 배경까지 생각해 보면 수긍할 수 있는 측면이 분명히 있을 겁니다. 공부방에 오기 전에 어디서인가 야단을 맞거나, 잔소리를 심하게 들었거나, 부정적인 언어에 많이 노출되었을 겁니다.

특히 공부방에 왔을 때 표정을 살펴보고 어두우면 "와~, 오늘 더 멋져 보이는데!"처럼 긍정적 언어로 기분을 들여다봐 주세요. 아이들이라고 해서 막무가내로 먼저 공격적인 모습을 보이지 않기에 감정을 먼저 봐주면 어느 정도 공부를 시작할 분위기가 만들어집니다.

사춘기라고 함부로 버릇없이 굴어도 되고 공부도 대충 넘기자는 말이 아닙니다. 선생님이 성인군자도 아니고 버릇없이 구는 말과 행동을 무조건 수용할 순 없죠. 사춘기 기운이 가득한 아이가 오면 하나하나 반응하지 말고 가끔은 그쪽으로 향하는 신경세포를 살짝 꺼

두는 것이 요령입니다. 모르는 척, 안 들리는 척, 잠깐 다른 곳에 주의를 기울이다 보면 어느 순간 상황이 정리되는 경우가 있습니다.

내 감정을 솔직하게 말하기

다시 처음의 대화로 돌아가 보겠습니다. "오늘 영 공부할 기분이 아닌 거 같네, 그런데 내가 열심히 설명했는데 그렇게 바로 하나도 모르겠다고 말하니까 선생님도 기분이 별로 안 좋아." 이렇게 내가 느끼는 감정을 솔직하게 전달할 필요가 있습니다. 이때 자존심이 상하면 안 되니까 다른 아이들을 향해 이렇게 말해줘도 좋습니다. "이 형이 원래는 되게 잘했어. 지금 사춘기가 와서 그런 거야."라고 편을 들어주며 신뢰하고 있다는 신호를 보내는 것도 필요합니다.

아이들 앞에서 솔직하게 내 감정을 드러내는 걸 어른스럽지 못하다고 여길 수도 있지만 그렇지 않습니다. 특히 사춘기 아이들 앞에서는 솔직함이 필요합니다. "버릇없이 말하면 선생님도 속상하고 상처받아." "공부하러 온 곳인데 문제집 한 장도 안 풀고 가면 내가 책임을 다하지 못한 것 같아 너에게 미안한 마음이 든단다." 이렇게 감정은 빼고 차분하게 이야기하면 아이들도 차분해집니다. 사춘기 아이들, 주변 사람들도 힘들지만 아마 본인이 가장 힘든 시간을 보내고 있을 겁니다. 제가 아이들에게 농담처럼 자주 하는 말입니다. "그래~, 네가 무슨 잘못이 있겠니? 다 호르몬 탓이지." 이 또한 지나갈 텐데 괜히 걸림돌이 되어 화를 자초할 필요는 없겠지요.

핵심만 정리해 볼까요?

1. 사춘기 아이와 부모의 마음을 다시 한번 생각해 보자.

2. 감정적으로 힘들 땐 잠시 쉬는 시간을 갖자.

3. 내 감정을 솔직하게 전달하며 긍정의 언어로 시작하자.

메모해 보세요

힘들게 하는 아이들
유형별 대처법 ①

우리가 수업만 할 수 있다면 얼마나 좋을까요? 그러나 현실은 그렇지 않습니다. 지식을 알려주는 차원을 넘어, 한 아이의 성장을 돕는 역할도 해야 하기에 여러 어려움이 있습니다. 우리가 만나는 아이들 대부분은 누가 봐도 힘들겠다고 생각되는 아이들이 아닙니다. 주변에서 만나는 평범한 아이들이지만 은근히 우리를 힘들게 합니다.

유형1 반대로 말하는 청개구리형 아이

무엇이든 반대로 말하는 아이들은 자주 인내심을 시험합니다. "어제 배운 거라 어렵지 않잖아!"라고 하면 "아닌데요. 어려운데요."라고 대꾸합니다. "한 장밖에 안 남았으니 여기까지는 풀고 가자."라고 하면 "하기 싫은데요."라고 해서 속을 뒤집기도 합니다. 아이에게 관심을 표현하기 위해 "오늘 입은 치마가 정말 잘 어울린다."라고 말하면 "저는 바지를 더 좋아해요."라는 식으로 무슨 말을 해도 긍정보다는 부정의 말이 먼저 튀어나옵니다. 대화가 뚝 끊기는 기분에 힘이 빠지고 더 이상 말을 하고 싶지 않은 기분도 듭니다.

청개구리 같은 아이를 상대할 때는 일일이 반박하고 싶은 마음에서 벗어나 비난 없이 들어주며 긍정적인 태도를 유지해야 합니다. 물론 현실에선 선생님도 사람인지라 평정심을 유지하는 것이 쉽지 않습니다. 자칫 아이의 말에 휘말려 감정과 시간이 소모되는 경우가 생길 수 있습니다. 만약 마음의 여유가 없고 내가 힘들어지는 거 같으면 "그렇구나!"라는 마법의 단어를 쓰세요. 그리고 다른 수업에 집중하세요. 감정적으로 힘들다고 느껴질 때는 잠시 거리를 두는 것이 좋습니다.

유형2 어른처럼 잔소리하는 아이

다른 친구들을 지적하거나 간섭하려는 아이들이 있습니다. "선생님이 여기까지 풀라고 했잖아. 똑바로 앉아."처럼 가끔은 선생님 편에서 얘기하니 살짝 편할 때도 있습니다. 하지만 상대방 아이는 당연히 "네가 뭔데?"라고 반발하기 쉽죠. 당연히 티격태격 다투게 됩니다.

남의 잘못을 선생님에게 이르거나 지적함으로써 본인이 살짝 높은 위치로 올라가려는 심리를 가진 아이들이 있습니다. 만약 그런 아이들을 방관하면 보고 있는 다른 아이들이 '선생님은 도대체 뭐 하는 거야?'라고 생각할 수도 있습니다. 점점 아이들 관리가 힘들어지겠죠.

예를 들어 A가 앉고 싶은 자리에 다른 아이가 이미 앉아 있는 상황입니다. A는 남는 자리가 있음에도 불구하고 그 자리 앞에 서 있습니다. 이때 B가 나서서 "다른 데 앉으면 되잖아, 저기 선생님 앞에 앉아, 아니면 그냥 쟤랑 바꾸면 되겠네.", 이렇게 본인이 상황을 통제하려고 합니다. 그렇게 되면 가만히 있던 다른 아이들도 "싫어, 내가 왜 옮겨!"라고 하면서 순식간에 수업 분위기가 산만해집니다. 물론 앉고 싶은 곳에 앉겠다고 고집을 피운 A에게 잘못이 있지만 자기 마음대로 상황을 통제하려는 B도 공부방 분위기를 흐리는 데 일조했습니다.

만약 선생님이 A에게 남는 자리에 앉으라고 말하고 상황을 정리하면 B는 자기 뜻대로 됐다고 힘을 얻게 됩니다. 다음에도 먼저 나서서 다른 아이를 지적하기 쉽습니다. 아이들끼리 언쟁하고 공부방 분위기가 어수선해지는 상황이 반복되는 거죠. 이때는 B에게도 "그건 선생님이 알아서 할 거니까 신경 쓰지 않아도 돼!"라고 편안한 말투와 미소 띤 얼굴이지만 눈빛에는 단호함을 담아 말해야 합니다. 선생님으로서 권위를 내세우고자 하는 것이 아닙니다. 본인이 마치 어른인 것처럼 생각하는 아이들에겐 수업의 주도권이 선생님에게 있다는 사실을 분명히 인식시켜 주어야 합니다. 그래야 다른 아이들도 편안함을 느끼고 선생님이 앞으로 문제 해결이나 관리 면에서 아이들에게 휘둘리지 않고 유연하게 대처할 힘이 생깁니다.

유형 3 시간만 때우는 아이

수업 시간에 한 명씩은 꼭 존재합니다. 안 하고 버티는 아이들 말입니다. "공부해야지!"라고 말하면 "모르겠어요." "어려워요." "안 배웠어요."라고 하면서 요리조리 피해갑니다. 예전에는 다 할 때까지 집에 안 보낸다는 말이 통할 때가 있었지만 요즘 아이들은 다음 학원 일정 때문에 남길 수 없다는 것을 잘 알고 있습니다. 공부는 스스로 해야 학습 효과가 좋다는 건 알고 있지만 못 하겠다고 버티는 아이에게 무턱대고 하라고 할 수도 없고 참 쉽지 않습니다.

이런 경우 아이의 의견을 들어보는 것도 좋습니다. "공부할 게 너무 많다고 느껴지니?" "그럼 어느 정도까지 할 수 있을 거 같아?"라고 얘기하면서 함께 공부 분량을 정해 보세요. 계획한 대로 해냈을 때 칭찬하고 만약 보상을 약속했다면 반드시 지켜주세요. 하루아침에 바뀌진 않겠지만 조금씩 신뢰 관계가 형성되어야 하지 않으려고 무작정 버티지 않고 조금이라도 하려는 마음을 내게 할 수 있습니다.

유형4 대답하지 않는 아이

"이해했어?" "어려워?" 아무리 물어보아도 대답을 하지 않는 아이들이 있습니다. 정말 답답합니다. 아는 건지 모르는 건지, 불만이 있어서 그러는 건지 도무지 알 수가 없습니다. 이런 아이들을 보면 '뭔가 불만이 있나?' '그만두려는 거 아니야?'라는 생각이 들어 조심하게 되는데 눈빛과 행동을 통해 아이의 마음을 읽으려는 노력이 필요합니다.

까칠한 성격이라 일부러 대답을 안 할 수도 있고 어쩌면 내성적이고 새로운 환경에 적응하는 데 시간이 좀 필요한 아이일 수도 있습니다. 이런 아이들에게 지나친 관심은 오히려 독입니다. 살짝 거리를 두고 기다려주면 다른 공부방으로 옮겨 또 낯선 환경으로 가는 걸 원치 않기에 어느 정도 적응이 되면서 꽤 오래 다니는 경우가 많습니다.

아이들 마음을 여는 열쇠

특별히 문제 상황을 만들진 않지만 공부방에서 선생님을 힘들게
하는 아이들은 늘 존재합니다. 공부방 선생님이라면 누구나 겪는
일이라는 뜻입니다. 감정이 지치고 몸이 처질 땐 잠시 다른 공간에
머물다 올 필요가 있습니다. 기분을 전환하고 정신 에너지도 충전
해야 아이들의 뾰족한 감정에 완충 역할을 할 수 있습니다. 아이들
의 마음을 여는 열쇠는 내가 에너지 충만한 상태로, 아이들 처지에
서 생각하고 인내하는 마음입니다.

핵심만 정리해 볼까요?

1. 청개구리형에겐 말로 엮이지 말고 "그렇구나!"로 대응하자.

2. 공부방의 중심에는 늘 선생님이 있어야 지도력이 생긴다.

3. 선생님이 에너지 충만해야 아이들의 뾰족한 감정에 완충재가 될 수 있다.

메모해 보세요

힘들게 하는 아이들
유형별 대처법 ②

유형 1 **설명할 때 변명하는 아이**

"이건 두 수를 곱하라는 뜻이야, 그러니까 이렇게 풀어야…"

"그게 아니라 저는 더하는 줄 알았어요."

설명이 다 끝나기도 전에 변명부터 하는 아이들이 있습니다. 설명을 먼저 잘 듣고 이해해야 고칠 텐데 좀처럼 들으려 하지 않죠.

"이런 방법 말고 다른 방법은 없어요? 너무 어려워요."

꼭 중간에 말을 자르고 흐름을 끊는 아이들이 있습니다. 얼핏 보면 적극적으로 수업에 참여하는 것 같지만 사실은 아닙니다. 잘못을 지적하면 수용하려는 마음보다는 변명하는 모습을 보이곤 합니다. 고집도 살짝 있고 자기중심적이라 수업하다가 자존심이 건드려지는 일이 생기면 갈등 상황을 만들기 십상인 아이들이죠. 수업이 끝나고 나서도 대부분 안 좋은 기분으로 집에 갑니다.

유형2 원하는 방향으로 협상하려는 아이

설명 도중 말 끊는 건 다반사지요. 계획했던 대로 움직이기보다는 아이들의 행동에 계획이 틀어지는 경우가 잦습니다. 오늘은 10쪽까지 풀라고 하면 "어제 잠을 못 자서 집중이 안 되니 8쪽까지만 할래요." 늘 협상하려고 들죠. "안 돼, 10쪽까지 해야지 끝나는 거야."라고 지도해도 왜 8쪽까지 해야 하는지 이유를 꾸미거나 다른 핑계를 찾아 힘들다고 투덜거립니다. 그렇게 시간이 흐르고 결국 아이는 8쪽까지만하고 집에 가는 상황이 됩니다. 결국 아이가 원하는 대로 된 거죠.

이런 유형의 아이들은 항상 본인이 원하는 방향으로 흐름을 바꾸어 자신에게 유리하게 상황이 흘러가도록 만드는 능력이 있습니다. 이미 비슷한 경험을 자주 한 아이들은 쉽게 바뀌지 않습니다. 그래서 만약 10쪽까지 시켜야겠다고 계획했다면 처음에 12쪽을 얘기하고 10쪽으로 줄여주는 전략적인 밀고 당기기가 필요합니다.

아이의 행동을 나쁘게 보고 유연성을 발휘하지 못하면 갈등 상황이 반복되곤 합니다. 결국 아이가 공부방에서 자주 불편해지면 핑곗거리를 찾아 그만둘 가능성이 커집니다. 가급적 자존심 상하지 않도록 아이의 의견을 수용하면서도 원래 계획한 대로 이끌어가는 지혜가 필요합니다.

유형3 주위 친구를 건드려서 수업을 방해하는 아이

혼자 안 하면 괜찮은데 주변 아이들을 건드려서 공부방 분위기를 흐리고 열심히 공부하려는 아이들을 훼방하는 경우입니다. 공부방에 등장하는 순간부터 정말 정신이 하나도 없습니다. 분명 1명인데 2~3명이 온 것 같은 효과를 내는 아이들이죠. "친구 말 시키지 말고 공부해." 잔소리를 하루에도 열두 번 하게 만드는 이런 아이는 주변에 사람이 있어야 하고 참견하는 걸 좋아합니다. 서로 잘 지내면 좋은데 종종 갈등 상황을 유발하고 그 중심에 본인이 있어야 하기에 수업에 방해가 많이 됩니다.

다른 아이에게 설명하고 있을 때 끼어들어 자기 얘기를 하면서 관심을 본인에게 집중시키려는 유형인데요. 이런 아이는 유머도 있고 리더십도 발휘해 아이들 사이에선 인기가 있지만 수업 시간에는 방해가 많이 되는 것이 현실입니다.

이런 성향의 아이는 혼자 있는 걸 제일 싫어합니다. 자리를 떨어뜨려 혼자 두면 공부방 분위기는 조용해질 수 있지만 부작용이 생기곤 합니다. 공부방에 와도 재미가 없어 그만두게 되는 거죠. 여러 가지 이유를 대겠지만 사실은 건드릴 사람이 없어 재미가 없어졌기 때문입니다.

이런 아이는 주변에 누가 있거나 말거나 신경 안 쓰는 조용한 아이와 붙여두는 것도 방법입니다. 관심을 다른 곳으로 돌릴 수 있도록 교구를 이용하는 방법도 효과적입니다. "여기까지 5분 안에 풀면 숙제 안 내줄게", 혼자 할 수 있는 작은 미션을 줘도 좋습니다. 하지만 그렇게 매번 신경 쓸 수는 없잖아요. 그러니 고민이 많이 될 수밖에요.

공부방 선생님이라는 직업을 선택한 이상 피할 수 없는 숙명 같은 아이들이라고 받아들이는 것이 좋습니다. 속 썩이는 아이가 그만두면 좋을 것 같지만 신기하게도 그동안 조용히 있던 다른 아이가 그 자리를 대신합니다. 그러니 '이런 유형의 아이들은 늘 있다.'라고 받아들이고 마음의 여유를 찾을 필요가 있습니다. 쉽지 않은 아이들이지만 그때그때 에너지가 동하는 만큼 반응하고 수업하면 한결 스트레스가 덜어지지 않을까 생각됩니다.

1. 설명 중에 말을 끊고 변명하는 아이는 언제나 있다.

2. 주변 친구들을 방해하는 아이는 언제나 있다.

3. 여유를 가지고 그때그때 나의 에너지가 동하는 만큼 지도하자.

메모해 보세요

19

그만두는 아이들과의
아름다운 이별은?

조금 손해 보듯 정리하자

재원생 관리가 중요한 만큼 퇴원생과의 마무리도 잘해야 합니다. 퇴원생이 생기면 비록 힘들게 했던 아이였더라도 아쉬운 마음이 생깁니다. 어떤 이별이든 받아들이기까지 머리와 마음의 거리만큼 시간이 필요합니다. 비록 떠나는 아이지만 입소문을 신경 써야 하는 공부방의 특성상 마무리가 중요합니다.

'혹시나 친구들도 같이 나가지 않을까?' '누가 물어보면 안 좋게 얘기하지 않을까?' 불안하고 걱정됩니다. 나중에 사실과 다르게 공부방 얘기를 부정적으로 했다는 걸 알게 되면 억울하고 속상한 마음은 이루 말할 수 없습니다. 가장 확실한 해결책은 바로 '내가 조금 손해 보듯 정리하자.'입니다.

퇴원할 날짜가 되었는데 교재가 조금 남아 있다면 따로 불러 끝까지 마무리해 주세요. '어차피 나가는 아이에게 뭐 하러 그렇게까지?'라고 생각할 수도 있지만 길게 보면 아닙니다. 만약 불만이 있어서 떠나는 경우라도 본인이 경험한 사실이기에 주변에 "책임감 있는 선생님이에요."라고 이야기합니다. 그리고 원비를 환불해야 하는 상황이라면 조금 손해 보듯 금액을 더해 주세요. 따져보면 큰돈이 아닐 겁니다. 상대에게 작은 마음의 빚이 남게 됩니다. 받은 것이 있으니 나쁘게 말하기 쉽지 않습니다.

그만둔다고 끝이 아니다

아이들이 그만둔다고 연이 모두 끊어지는 건 아닙니다. 언제, 어디서, 어떤 영향이 있을지 모릅니다. 동생이 있을 수도 있고 지인이 "그 공부방 어때?"라고 물어볼 수도 있습니다. 나갔다가 다시 돌아오기도 합니다. 본인은 다른 지역으로 이사 갔지만 우리 동네로 이사 오는 지인이 있을 때 추천하기도 합니다. 세상일은 우리가 예상할 수 없는 상황에서 일어나는 경우가 더 많습니다.

특히 퇴원생 부모님의 마음을 헤아릴 필요가 있습니다. 공부방을 그만두는 이유가 분명하면 모르겠지만 여러 요인이 복잡하게 얽혀 말로 쉽게 설명하기 어려울 수도 있겠지요. 만약 후자의 경우라면 부모 마음이 찜찜할 수 있습니다. 사람에게는 자신에게 유리한 방향으로 합리화하는 경향이 있지 않나요? 똑 부러지게 퇴원 사유를 설명하기 어려우면 아이 탓을 하기 보다는 공부방에 문제가 있다고 생각해야 한결 마음이 편할 겁니다. 당연히 주변 사람에게도 공부방에 문제가 있다고 말하게 되는 게 순리겠지요. 사유를 따지고 싶은 마음을 내려놓고 이별에도 예의가 있어야 한다는 말처럼 부모 마음에 조금 더 좋은 인상이 새겨지도록 한 번 더 배려할 필요가 있습니다.

주변에서 공부방 얘기를 어떻게 할지 알 수 없으니 항상 조심하고 할 말도 못 한 채 참아야 하나 생각될 수 있지만 그렇게 답답해할 필요 없습니다. 진심은 힘이 있습니다. 아이들에게 쏟은 정성과 노력은 누가 당장 말로 꼭 표현하지 않더라도 언젠가 알아줍니다. 퇴원생을 보내면서 생기는 손해는 어쩌면 미래에 대한 투자일 수 있습니다.

핵심만 정리해 볼까요?

1. 손해 보듯 정리하는 것이 오히려 이익이다.

2. 지금의 손해가 미래에 대한 투자이다.

3. 그만둔다고 끝이 아니다.

메모해 보세요

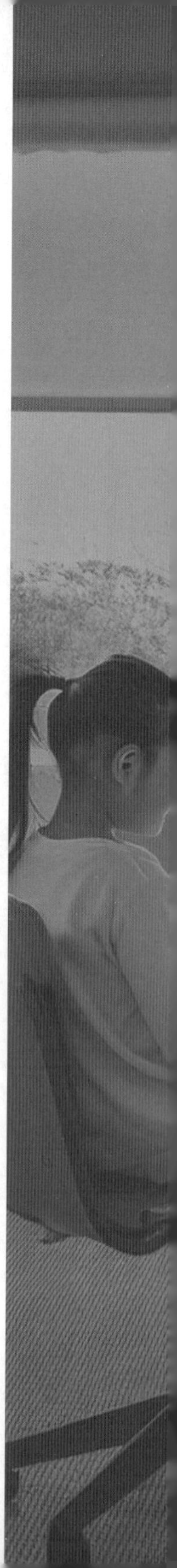

20 숙제, 어느 정도 내주어야 할까?

21 이벤트, 꼭 해야 할까?

22 시험 결과에 따른 대처 방법은?

23 무례한 요구에 현명하게 대처하는 방법은?

24 할까 말까 고민될 땐 어떻게?

25 밀린 원비, 기분 나쁘지 않게 받는 방법은?

4장

공부방의 짜임새를 결정하는 것들

20

숙제,
어느 정도 내주어야 할까?

숙제에 대한 동상이몽

숙제는 학습 효과를 높이기 위한 보조 도구로 오랫동안 사용됐지만 요즘 들어 그 효과를 놓고 다양한 의견들이 나옵니다. 숙제의 긍정적인 효과로는 첫째, 공부방에서 공부한 내용을 반복 학습해서 장기기억으로 전환해 결국 학업 성취도를 높일 수 있습니다. 둘째, 자기주도 학습 능력을 길러주고 시간 관리 능력, 문제 해결력, 책임감을 기르는 데도 도움이 됩니다. 셋째, 도전 과제를 성공적으로 해결하며 성취감을 느낄 수 있습니다. 넷째, 부모가 자녀의 학습에 관심을 기울이도록 할 수 있습니다.

반대로 한계와 문제점으로는 첫째, 숙제가 너무 많으면 스트레스와 학습 부담을 줄 수 있어 학습에 대한 흥미를 떨어뜨리기도 합니다. 둘째, 형식적인 숙제는 학습에 큰 도움이 되지 않고 창의적인 사고나 문제 해결력을 오히려 저해하기도 합니다. 이렇게 숙제 효과에 대한 의견이 갈리면서 숙제는 당연하다는 생각에서 벗어나 요즘은 어느 정도 숙제를 내야 적절한가를 고민해야 하는 상황이 되었습니다.

숙제의 긍정적인 효과를 내려면

숙제가 긍정적인 효과를 낼지는 사실 부모와의 관계가 열쇠로 작용합니다. 부모가 아이가 숙제했는지 점검하는 과정에서 끊임없이 갈등한다면 학교나 학원에서 숙제를 내지 않는 게 오히려 나을 수 있습니다. 아이가 숙제를 안 해 왔다고 연락받은 부모는 불편할 수밖에요. 숙제를 챙겨야 하는 일이 부모님 숙제처럼 느껴져 아예 숙제가 없었으면 하는 부모들도 늘고 있습니다. 이제 숙제는 필수가 아닌 선택의 시대로 바뀌고 있습니다.

부모 편하라고 필요한 숙제를 내지 말라니, 말도 안 된다고 마음에 저항이 생기지 않나요? 저 역시 그랬습니다. 그렇다고 숙제를 내지 말자는 얘기는 아닙니다. 당연히 잘하는 아이들에겐 숙제의 긍정적인 효과가 나타나도록 숙제를 충분히 활용해야죠. 하지만 공부방 특성상 잘하는 아이들보다는 공부에 흥미가 없는 아이들의 비율이 높다 보니 실익은 없고 서로에게 부담만 되는 숙제가 되기 십상이라는 사실을 강조하는 겁니다.

제일 좋은 방법은 상담할 때 숙제에 대한 부모님의 생각을 들어보는 겁니다. 부모님으로서 판단하기 애매하거나 솔직하게 말하기 어려울 수 있습니다. 먼저 숙제에 대한 요즘 교육계의 흐름을 이야기하고 편안한 분위기로 만들어 진짜 원하는 방향이 무엇인지 찾아가면서 서로 확인하는 과정이 필요합니다. 부모님이 아이 공부에 욕심이 있고 숙제의 중요성을 강조한다면 마음껏 내도 괜찮습니다. 만약 "공부 습

관을 잡기 위해 조금은 필요한 것 같아요."라고 답한다면 10~20분 내에서 아이 스스로 해결할 수 있는 수준으로 조정하면 됩니다.

"동생이 많이 어려서 제가 숙제를 봐주기 힘들어요. 바빠서요."처럼 숙제에 부담을 느끼는 거 같으면 "그럼요, 그런 신경 안 쓰려고 공부방 보내시는 건데, 제가 알아서 하겠습니다."라고 상담하면 믿음도 주고 동시에 숙제를 둘러싼 갈등도 예방할 수 있습니다. 요즘 제일 인기 있는 방식은 '주말에만'입니다. 여전히 숙제가 없다고 하면 부정적으로 생각하는 경향이 조금은 남아 있습니다. 그래서 평일엔 바쁘니까 공부방에서 해결하고 주말에만 숙제를 내주는 방식이 만족도가 높습니다.

중학생도 시험 기간을 제외하면 30분~1시간 안에 끝낼 수 있는 분량이 무난합니다. 중학생인데도 숙제를 내주지 않는다면 아직은 저항이 있습니다. 문제는 아이들이 잘 안 해오는 거죠. 만약 숙제로 인해 아이와 실랑이를 벌여야 하는 상황이라면 잠시 내려놓고, 숙제는 분명히 있지만 아이 사정에 맞춰 조정해주는 유연함이 필요할 때도 있습니다.

당연히 숙제는 학습을 보완하고 자기 주도적 학습 능력을 키우는 데 중요한 역할을 합니다. 잘하는 아이들에겐 문제가 없지만 항상 우리를 고민하게 하는 아이들에게 나타나는 역효과에 잘 대처해야 합니다. 아이 한 명 한 명에게 맞춤형으로, 아이도 받아들이도록 숙제 내는 방법을 찾는다면 마음의 짐을 내려놓고 공부에 조금이라도 더 흥미를 느끼게 하는 역할을 할 수도 있습니다.

하고 싶은 숙제로 만들기

숙제를 잘 안 하는 아이들과 갈등하지 않으려고 숙제를 내지 않는 것이 아닙니다. 숙제가 없던 아이도 숙제를 하는 아이가 본인보다 진도가 빨리 나가거나 실력이 좋아지는 걸 느낀다면 아이 스스로 숙제 내달라고 하는 경우도 생깁니다. 선생님이 시켜서 하는 게 아니라 스스로 결정한 일이라 효과도 큽니다. 아이들이 숙제 내달라고 먼저 요청하는 일은 생기지 않을 것 같은가요? 아닙니다. 숙제가 공부 잘하는 아이들의 특권처럼 느껴지면 스스로 하겠다는 아이들이 생겨납니다. 이런 아이들이 많아지면 공부방 분위기가 자연스럽게 좋아지고 아이들은 공부를 잘하게 되는데, 바로 이것이 진정한 숙제의 효과가 아닐까 생각됩니다.

핵심만 정리해 볼까요?

1. 숙제보다 아이와의 관계가 더 중요하다.

2. 숙제에 대한 솔직한 부모님의 생각을 들어 보자.

3. 숙제를 특권처럼 느끼면 스스로 하겠다는 아이들이 생긴다.

메모해 보세요

이벤트,
꼭 해야 할까?

아이들에게도 필요한 우리 공부방의 자랑거리

공부방을 운영하면서 마음에 걸리는 것 중 하나가 바로 이벤트입니다. 어린이날, 크리스마스, 핼러윈 데이, 추석, 설날 등 손가락을 꼽으면 적지 않습니다. 주변에서 열심히 이벤트를 준비하는 선생님들을 보면 '공부하러 오는 곳인데 이벤트를 꼭 해야 하나?'라는 생각이 들기도 합니다. '친구 데려오라고 하는 게 얄팍한 상술 같은데…'처럼 불편한 마음도 듭니다. 처음엔 이벤트를 하는 것이 너무 상업적인 것 같아 꼭 필요한지 회의감이 들기도 했습니다. 그런데 아이들 마음으로 생각해 보니 달라졌습니다.

예전에는 학교에서 주말에 있던 일을 이야기하는 시간이 있었습니다. 놀이동산에 갔다거나 영화를 봤다는 등 자랑거리가 있는 아이들은 너도나도 신나게 이야기하지만 그렇지 않은 아이들은 괜히 주눅이 들었습니다. 부모들은 아이의 이야깃거리를 만들어 주려고 일부러 마트라도 다녀오곤 했습니다.

공부방 이벤트도 같은 맥락입니다. 다른 아이들은 이번 어린이날에 "우리 공부방은 보드게임을 한대." "우리는 친구 초대해서 파티를 해." 같은 이야기를 하는데 우리 공부방 아이들은 할 말이 없다면 좀 속상하지 않을까요? 이벤트는 크고 거창하게 해야 한다고 생각하면 부담될 수 있지만 작은 아이디어만 가지고도 얼마든지 재미있게 할 수 있습니다.

공부방에서 챙기는 대표적인 이벤트로 어린이날, 크리스마스가 있습니다. 핼러윈 데이, 추석, 설날, 심지어 개원 몇 주년 행사까지 챙기는 분들도 있기는 합니다. 제 의견은 그렇게까지 자주 할 필요는 없다고 봅니다. 횟수가 중요한 것이 아니라 얼마나 기억에 남는 이벤트를 하는가가 중요합니다. 성공한 이벤트는 몇 년이 지나도 추억하면서 "우리 공부방은 전에 ○○○같은 것도 했어!"라고 말하곤 합니다. 그런 것처럼 기억에 남으면 두고두고 자랑거리가 됩니다. 아이들 입에서 나오는 공부방 이야기만큼 좋은 홍보도 없습니다.

어떤 이벤트를 좋아할까?
예전에는 피자 파티, 과자 파티만 해도 아이들이 좋아했는데 요즘은 물질적으로 풍부하게 자란 아이들이라 기호에 맞추기가 쉽지는 않습니다. 이제는 아이디어로 승부를 보세요. 아이들이 좋아했던 이벤트 몇 가지를 소개합니다.

하나, 이름을 맞춰야 먹을 수 있는 과자 파티

과자 파티를 그냥 하면 식상하지요. 포장지 없이 과자만 접시에 담아 과자 이름을 맞춰야만 먹을 수 있다는 규칙을 추가해 주세요. 평소에 잘 먹지 않던 과자도 그 순간 특별해집니다. 아주 간단한데 아이들이 지금도 재밌었다고 말하는 것 중 하나입니다.

둘, 방 탈출 게임

방 탈출 게임을 어떻게 할지 상상이 안 가죠? 의외로 간단합니다. 범죄 현장을 표시하는 노란 테이프를 쭉 둘러 두고 그 안에서 각종 게임을 진행합니다. 승자만이 탈출할 수 있다는 규칙을 만들어 두면 흔히 하는 보드게임도 재밌어지고, 수학 문제 풀기, 구구단 외우기 등 아이들이 싫어하던 공부도 재미있게 해볼 수 있습니다. 특히 요즘  유행하는 게임을 이용하면 아이들이 정말 좋아합니다.

셋, 보물찾기, 윷놀이도 아이디어로 재미있게

고전적이지만 아이들은 여전히 보물찾기를 좋아합니다. 숨겨 놓은 종이를 찾은 수만큼 상품을 걸거나 벌칙이 적힌 종이를 섞어서 보물찾기를 하면 재미있게 합니다. 만약 놀이터처럼 외부에서 할 수 있는 환경이 된다면 주변 관심도 끌 수 있고 공부방 홍보 효과도 있습니다. 보물을 찾는 것보다 숨기는 걸 더 즐기는 아이들도 있습니다. 숨기는 조와 찾는 조로 나누어 아이들이 교대하도록 하면 힘들이지 않고 이벤트를 진행할 수 있습니다.

윷놀이 역시 고전이지만 요즘은 거의 하지 않아 아이들이 오히려 신선해합니다. 윷놀이 판에 요즘 예능 프로그램에서 하는 규칙을 적용해 보세요. 윷놀이는 저학년, 고학년 상관없이 팀을 이룰 수 있어 단합도 되고 좋습니다.

조금만 궁리하면 이벤트 아이디어를 찾을 수 있습니다. 중요한 건 준비하는 선생님이 힘들지 않아야 된다는 점입니다. 아이들이 스스로 정리하고 이끌도록 하면 나도 덜 힘들고 아이들도 사회성을 배우는 기회가 될 수 있습니다. 이런 이벤트를 하면 평소에 공부와는 다른 방면에서 빛이 나는 아이도 있고 경쟁이 싫거나 반대로 승부사 기질처럼 아이들의 새로운 면면을 발견하기도 합니다.

이벤트는 아이들에게는 공부방 자랑거리가 되고 선생님에게는 평소 보지 못했던 새로운 모습도 발견할 수 있어 아이들을 이해하는 데 도움이 되기도 합니다. 무엇보다 아이들이 즐거워하는 모습을 볼 수 있어 꽤 좋은 경험이 됩니다.

핵심만 정리해 볼까요?

1. 이벤트는 공부방 이야기를 할 수 있는 거리가 된다.

2. 작은 아이디어 하나가 이벤트의 재미를 더한다.

3. 이벤트는 아이들의 새로운 모습을 발견하는 좋은 기회가 된다.

메모해 보세요

시험 결과에 따른 대처 방법은?

시험 결과에 따라 오래 다니거나 그만둘까?

사교육을 하는 이유는 명확합니다. 공부를 잘하고 싶어서! 물론 그이면에 돌봄 기능이나 학습 태도, 생활 관리 등 여러 요소가 있지만 그래도 1차 목표는 일단 성적을 잘 받는 것입니다. 시험만 치면 긴장해서 실력 발휘를 제대로 못 하는 경우가 있고, 반대로 성적 안 나오겠다 싶어 마음 졸이던 아이가 의외로 잘 보는 경우가 있습니다. 결과가 나오기 전까지는 긴장을 늦출 수 없는 게 시험인데요.

'공부는 스스로 해야지, 내가 신도 아닌데 어떻게 다 잘하게 만들수 있겠어?'라고 생각해도 막상 아이들 성적표를 받아보면 그 결과가 공부방 평가처럼 느껴지는 건 어쩔 수 없더라고요. 주변 선생님들 이야기를 들어보면 다 잘하는 아이들뿐인 거 같은데 내가 실력이 부족한 건지, 뭘 잘못했는지 돌아보고 심란해지곤 합니다.

잠시 생각해 볼까요? 사교육을 받아서 다들 성적이 잘 나온다면 학원에 다니는 아이들은 다 공부를 잘해야 하는데 실상은 그렇지 않잖아요. 실제로 성적이 좋지 않은 아이들도 어딘가 공부방이나 학원에 다니고 있을 겁니다. 단지 겉으로 드러나지 않았을 뿐이니 우리 공부방 아이들만 성적이 나쁘다고 생각할 이유는 없습니다.

만약 아이가 100점을 받았다면 선생님의 도움이 있었겠지만 사실 아이 스스로 노력한 몫이 더 큽니다. 누가 지도했기 때문에 잘했다기보다는 어느 선생님이 가르쳐도 100점을 받을 수 있는 아이라고 보는 게 맞을 겁니다. 운 좋게 나에게 와서 내가 빛날 수 있던 것이기에 다른 선생님들의 점수 자랑에 너무 신경 쓰지 않았으면 좋겠습니다. 물론 100점을 받게 하려는 선생님들의 실력과 노력도 정말 중요합니다. 시험 기간에 아이들을 애정으로 가르치고 최선을 다했으니 결과가 나쁘더라도 연연하지 말고 대책에 더 집중했으면 좋겠습니다.

잘하던 아이가 시험을 망친 경우
평상시에 잘했고 지난번에도 성적이 좋아서 크게 걱정하지 않았는데 이번 시험 결과가 좋지 않은 경우는 정말 가슴이 철렁 내려앉습니다. 최대한 빨리 시험지를 분석해야 합니다. 계산 실수를 했는지, 문제 유형을 착각했는지 아니면 문제가 너무 어려웠는지, 배점 큰 문제를 틀린 건 아닌지 등등 원인을 분석해서 일단 학부모가 수긍하도록 해야 합니다.

똑똑한 편인 아이들은 이번 시험 결과가 좋지 않은 이유를 알고 있는 경우가 많습니다. 아는 건데 문제를 너무 어렵게 생각해서 틀렸다,

계산 실수를 했다, 문제의 난도가 높아 반에 100점이 한 명도 없다, 시간이 부족해서 뒤에 쉬운 문제를 못 풀었다 등 아이의 이야기를 듣고 원인을 분석한 후에 앞으로 어떻게 하면 해결될지, 대처 방안까지 마련해 부모님과 상담하면 도움이 됩니다. 물론 너무 형편없는 성적을 받은 경우는 그만둘지 모른다는 마음의 준비도 필요합니다.

예상했던 대로 실망스러운 결과가 나온 경우

수업하다 보면 결과가 예상되는 아이들이 있습니다. 모든 아이가 공부를 잘할 순 없잖아요. '아, 70점 정도 나오겠다.'라고 예상되는 아이들은 그대로 나오는 경우가 많습니다. 시험을 대신 봐 줄 수도 없는데 공부방에 이런 아이들이 많다면 시험 스트레스가 정말 큽니다. 아이를 지도하면서 학습 태도와 공부 과정을 알기에 어느 정도 예상한 결과지만 속사정을 모르는 학부모들은 그냥 시험을 못 본 거니 충격이 클 수밖에요.

평소 학부모들에게 '신뢰 점수'를 따 두는 게 도움이 됩니다. 보강 수업에 자주 부르거나 시험 대비를 하면서 학부모님께 '신뢰 점수'를 쌓아두세요. "이번에 열심히 했는데 결과가 좋지 못해 너무 아쉽습니다. 다음엔 더 잘 볼 수 있도록 신경 쓰겠습니다."라고 부모님께 문자를 보내면 "주말에도 수업해 주시고 보강도 많이 해주셨는데 선생님도 애쓰셨습니다."라고 답하는 경우가 많습니다.

아이가 중·고등학생쯤 되면 부모님도 어느 정도 아이 실력을 파악하고 있기에 선생님 탓은 잘 하지 않습니다. 상위권은 어딜 가도 잘할 걸 알기에 시험 결과가 나쁘면 적지 않게 영향을 받으나 중위

권 아이들은 시험 결과보다는 평소 얼마나 열심히 관리했느냐가 훨씬 영향을 줍니다. 아이를 잘 이해하고 정성껏 관리하면 성적 여부와 상관없이 꾸준하게 다니는 경우가 더 많습니다.

시험지에 부모님 사인을 받아오라는 담임선생님을 만나면?

성적 문제, 초등학교는 어떨까요? 초등학교는 공식적인 지필 평가가 없습니다. 수행평가는 있지만 '매우 잘함', '잘함', '노력 요함' 정도로 표시되고 웬만하면 '잘함' 이상이라 크게 문제 되지 않습니다. 하지만 자체적으로 단원평가를 보고 집에 가서 부모님 사인을 받아오라는 담임선생님이 있습니다. 기록으로 남는 건 아니더라도 어찌 되었건 학교에서 보는 평가인데 오답이 많은 시험지를 본다면 부모로서 기분이 좋을 리 없죠.

부모 마음이 흔들리지 않도록 하려면 서로 신뢰를 쌓아두는 것이 필요합니다. 평상시에 믿음을 쌓아왔다면 단원평가 결과만 가지고 퇴원을 결정하지는 않습니다. 반대로 평소 불만이 있었는데 성적까지 나쁘다면 빌미가 되어 그만둘 가능성이 높겠지요.

평소에 노력과 신뢰 점수를 많이 쌓아두세요. 공식적이지도 않은 시험을 봐서 곤란하게 만들었다고 담임선생님을 원망할 필요도 없습니다. 자체 평가라도 봐서 아이 실력이 드러나야 사교육을 하지 않던 아이도 공부방에 보내야겠다고 필요성을 느끼는 계기가 되기도 하기 때문입니다.

시험을 보고 평가를 받는다는 게 스트레스가 되고 힘든 일인 것은 맞지만 사교육이 존재할 수 있는 이유이기도 합니다. 양날의 검과 같은 시험 결과에 현명하게 대처하는 방법은 평소 '신뢰 점수'를 많이 쌓아두는 겁니다. 때론 좋지 못한 성적이 기회가 되어 오히려 성장할 수 있는 계기가 되기도 하지요.

1. 잘하는 아이가 시험을 망쳤다면 발 빠르게 원인을 분석하고 대응책까지 마련하자.

2. 성적이 안 나올 것 같은 아이들을 위해 평소에 '신뢰 점수'를 쌓아놓자.

3. 시험 결과는 양날의 검, 어떻게 대처하느냐가 중요하다.

메모해 보세요

23

무례한 요구에
현명하게 대처하는 방법은?

무례한 요구일수록 필요한 자기중심 잡기

학부모들 요구는 정말 다양합니다. 하나둘 요구를 들어주면 어느새 고유 영역을 침범하는 요구들까지 각양각색입니다. 애매한 경우로 "다음 주 이틀 정도 가족여행으로 빠집니다. 보충해 주세요."라는 문자를 받았습니다. "개인 사정으로 빠지는 경우 보충은 어렵습니다."라고 거절할 수도 있고 "수요일에 남겨서 좀 더 시키겠습니다."라고 답할 수도 있습니다.

대부분 개인 사정인데 보충까지 해 주면 감사하다고 말씀하십니다. 하지만 마치 당당한 권리처럼 요구하면 썩 내키지 않지요. 만약 단칼에 거절하면 '일주일 이상 빠지면 수업료를 조정한다.'라는 원칙을 내세워 아예 일주일을 빠져버리기도 합니다. 규정을 너무 내세우면 학부모도 규정대로 따집니다. 어느 정도 유연한 대처가 필요합니다. 보충은 해주지만 시간을 줄이거나 공부 분량을 적게 해서 정규 수업보다 보충 수업에 오는 것이 손해라는 인식을 심어주면 됩니다. 조금씩 빈도가 줄어듭니다.

'공부 분량을 좀 더 늘렸으면 좋겠다.' '숙제를 이렇게 내달라.' '오답 표시를 너무 크게 하지 말아 달라.' '진도가 느리다 또는 빠르다.' '개념 설명을 이런 식으로 해 달라.' 수업 방식에 대한 요구 사항도 꽤 많습니다. 반면 '약 먹여 달라.' '혼자 엘리베이터를 타기 무서워하니 1층까지 같이 가 달라.'라는 요구처럼 황당한 얘기도 자주 듣게 됩니다.

모두 수용하면 좋겠지만 현실은 그렇지 않지요. 학부모들의 요구에 어떻게 대응하면 좋을지 정답이 있지도 않습니다. 일단 공부방이 교육 서비스업이라는 사실로부터 출발할 필요가 있습니다. 교육적으로 필요한 요구이고 감당할 수 있다면 웬만하면 수용하는 게 좋습니다. 하지만 형평성에 어긋나거나 선생님의 고유 권한을 침범하는 경우라면 '죄송하지만 어려울 거 같다.'라고 친절하지만 단호하게 응대해야 합니다. 규정이 있으면 정확하게 지켜야 하고 예외를 인정해서는 안 되지만 현실에서는 생각처럼 딱딱 맞아떨어지기가 쉽지 않습니다. 큰 틀에서는 운영 규정을 지키면서 현실적인 조건에 맞게 조금씩 변형된 규칙을 적용하는 게 좋습니다.

정답이 있다면, '내 생각 지키기'
특히 무례한 요구 사항이라면 오히려 하고 싶은 대로 하는 게 더 좋습니다. '그만두면 어쩌지?' 불안하고 걱정되겠지만 그냥 내 생각, 원칙대로 해보세요. "아 그렇군요."라고 하면서 따라오는 경우가 더 많습니다. 그간의 경험을 종합하면 중심을 잡고 내 방식대로 운영하는 게 최선입니다.

거절해야 할 경우는 말투와 태도가 중요한데요. 통보하는 방식보다는 "저도 그러면 좋겠는데 상황이 이래서 죄송합니다."라는 식으로 말해야 합니다. "원래 규정은 이렇지만 이번만 특별히 해드릴게요." "저는 이렇게 하면 좋겠는데 어려우실까요?" 이처럼 상대방 기분이 상하지 않도록 친절하고 배려하는 화법을 사용한다면 대부분 문제되는 상황까지 가지 않습니다.

공부방이라는 배를 책임지고 있는 선장은 바로 '나'입니다. 학부모의 요구 중에는 분명 합리적인 내용도 있습니다. 막연한 거부보다는 충분히 들어보고 판단하면 됩니다. 요구를 받아주는 게 좋지만 거절한다고 해서 별일 생기지 않습니다. 배에 탄 사람들은 대부분 선장의 판단에 따르지만, 배에서 내리기도 할 겁니다. 하지만 걱정하지 마세요. 공부방이 안정되기까지 모두 필요한 과정입니다. 비슷한 일들이 몇 번 반복되고 시간이 흐르면 성향이 비슷하거나 나의 교육관에 동의하는 학부모만 남게 됩니다. 훨씬 스트레스도 적어지고 운영도 쉬워집니다. 목표 지점을 향해 가는 과정이구나 생각하면서 소신껏 나의 결정을 믿어보세요.

1. 학부모의 무례한 요구는 내가 하고 싶은 대로 거절해도 된다.

2. 요구 사항 처리의 중심에 '내가' 있으면 된다.

3. 나와 잘 맞는 학부모들이 모이는 과정이다.

메모해 보세요

24

할까 말까 고민될 땐
어떻게?

고민이 된다면 그냥 하자

공부방을 운영하다 보면 사소한 고민이 많이 생깁니다. '수업하다 아이가 울고 갔는데 상담 전화를 할까, 그냥 놔둘까?' '요즘 집중을 못 해서 진도를 많이 못 나갔는데 알릴까, 말까?' '선물로 준 간식에 본인만 콜라 맛이 없다고 퉁퉁거리고 안 가져갔는데 어쩌지?' '아이들끼리 말다툼이 있었는데 이런 것까지 전화해야 할까?' 등등.

수업을 마친 후에도 괜히 신경 쓰이고 마음이 불편한 일이 있습니다. 사소해서 해도 그만, 안 해도 그만이긴 한데 왠지 찜찜한 기분이 든다면 그냥 하세요. 부모들 마음에 사소한 서운함이 쌓이면 결국엔 별거 아닌 일 하나가 빌미가 되어 공부방을 그만두게 됩니다. 반대로 평소에 서운함이 생기지 않도록 신뢰를 쌓아두면 진짜 위기 상황이 생겼을 때 무난히 넘어가는 힘이 됩니다.

꼭 문자를 남겨야 하는 경우

아이가 수업 시간에 울었다면 반드시 부모님에게 연락해야 합니다. 아이들은 집에 가서 자기중심적으로 이야기할 수 있으므로 객관적인 사실을 설명해야 합니다. 예를 들어 오답이 많아 하나하나 바로잡아 주는데 아이는 속상한지 결국 울었습니다. 야단을 친 게 아니고 오늘 해야 할 공부는 오늘 마무리하자는 좋은 의도였지만 아이가 집에 가서 "선생님 설명이 너무 어려워서 이해를 못해서 틀린 건데…." 라고 말했다고 생각해 보세요. 부모가 어떻게 받아들일까요? 오해가 생기기 전에 "분수 통분이 이해가 어려웠나 봅니다. 여러 가지 방식으로 설명해 주었는데요, 모르겠다고 속상해서 울더라고요. 연습하면 조금씩 나아질 테니까 너무 걱정하지 않으셨으면 해요. 제가 더 신경 쓸게요."처럼 미리 문자를 보내세요.

만약 부모님이 아이 진도가 느려 마음에 걸린다는 반응이 있었다면 집에서 진도를 확인하고 있을 확률이 높습니다. "분수 계산을 어려워해서 제가 집중적으로 연습시키다 보니 진도를 천천히 나가게 됐습니다. 숙달되지 않으면 다음으로 넘어가기 어려운 단원이라 시간 투자를 더 해야 할 거 같아요.", "유리수 연산이 안 되고 있어요. 여기서 막히면 앞으로 중학교 수학 이해하는 데 어려움이 있어 제가 조금 더 연습시키겠습니다." 이렇게 상황을 먼저 공유하면 부모님의 불안감이 줄어듭니다. 종종 공부방 수업에 관여하려는 부모님들은 평소 사교육에 대한 불신과 불안이 높은 경우가 많습니다. 적극적으로 소통하기 위해 꼭 연락하세요.

콜라 맛 사탕이 자기 사탕 꾸러미에만 빠졌다고 문제를 일으키기도 합니다. 참 먹는 게 사람을 치사하게 하는 것 같습니다. 이벤트로 뭔가를 줄 때는 웬만하면 통일해야 안전합니다. 혹시라도 본인이 좋아하는 맛만 먹겠다고 고집을 피우거나, 2개씩인데 3개를 가져갔을 경우, 큰일이 일어나는 건 아니지만 다른 아이들과의 형평성 문제가 있으니 공평하게 분배해야 합니다. 자칫 집에 가서 "선생님이 나만 콜라 맛 사탕을 안 줬어."라고 말한다면 애써 신경 써서 준비한 간식이 콜라 맛 사탕 하나로 괜히 서운하게 만드는 꼴이 되어 버립니다.

"민지가 콜라 맛 사탕이 먹고 싶었나 봐요. 골고루 나눠주다 보니 다른 맛이 갔네요. 바꿔주고 싶었는데 다른 아이들과의 형평성 문제가 있다 보니 그러지 못해 아쉬웠습니다."라고 문자를 보내면 좋겠지요. 공평해야 한다는 선생님의 생각보다 콜라 맛 사탕을 못 먹은 서운함, 자기 감정에 충실한 게 아이들이죠. 집에 가서도 자기 감정대로 말하면 오해를 살 가능성이 있기에 문자를 미리 보내는 게 필요합니다.

아이들끼리 다툼이 있었다면?

아이들 사이에 자잘한 갈등은 매일 일어납니다. 대부분은 별일 없이 넘어가나 신경이 쓰일 정도의 갈등이라면 양쪽 입장을 중립적으로 바라본 시각으로 양쪽 부모님에게 설명할 필요가 있습니다. "민지와 성찬이가 앉고 싶은 자리가 같았는데 서로 거기에 앉겠다고 하는 과정에서 마음 상하는 일이 있었어요. 제가 화해시키고 앞으로 한 번씩 돌아가며 앉기로 했네요."라고 미리 연락하세요. 아이들은 집에 가서 "성찬이가 내가 먼저 가방 올려두고 물 먹고 왔는데 자기가 그냥 앉았어." 반대로 "내가 앉아있는데 자기가 가방 먼저 올려

났다고 자기 자리라고 우겼어. 근데 선생님이 가만히 있었어."라고 말할 수 있습니다. 진짜 별거 아닌 일들이지만 계속 쌓이면 문제가 됩니다. 연락할까 말까 망설여지면 이미 뭔가 화근이 될 만한 일이 생겼다는 의미로 받아들일 필요가 있습니다. 머뭇거리지 말고 적극적으로 대처해야 나중에 후회하지 않습니다.

평소 학부모님들과 소통하는 걸 어려워하지 마세요. 자주 오고 가면서 서로 연결해야 좋은 관계가 형성되고 신뢰가 쌓입니다. 혹시 실수하지 않을지 걱정하는 분들이 있는데요, 괜찮습니다. 실수했더라도 학부모님들과 소통하면서 깨닫고 고쳐나가면 됩니다. 선생님의 실수를 감싸줌으로써 좋은 사람이 되는 경험을 학부모님에게 선사할 수도 있습니다. 너무 잘하지 않아도 됩니다. 마음만 전달되면 됩니다. 망설여진다면 그냥 연락하세요.

핵심만 정리해 볼까요?

1. '아이가 울고 갔는데 연락할까 말까?' 망설여지면 연락하자.

2. '요즘 진도를 많이 못 나갔는데….' 신경 쓰이면 연락하자.

3. '친구와 다툼이 있었는데 연락해, 말아?' 고민되면 연락하자.

메모해 보세요

밀린 원비,
기분 나쁘지 않게 받는 방법은?

혼자 속앓이 말고 말하기

가장 현실적인 고민 중 하나가 바로 원비가 밀릴 때입니다. '아이를 보내면서 어떻게 원비를 제때 안 낼 수 있을까?'라는 생각이 들지만 사실 꽤 잦은 빈도로 발생합니다. 마치 빚쟁이가 된 기분도 들고 돈 이야기를 해야 하니 불편하기도 합니다. '사정이 있겠지, 일주일만 더 기다려보자.' 이렇게 미루다 한 달을 넘기고 나서 원비를 겨우 받았는데 또 밀리는 과정이 반복되면 여간 스트레스가 아닙니다. 원비 납부는 기본적인 신뢰 문제기에 대부분은 정확하게 처리합니다. 문제는 꼭 한두 명씩은 밀리는 사람이 있다는 사실입니다. 몇 가지 유형별로 정리했습니다.

유형1 "바빠서 깜빡했어요."

일단 기본적으로 매우 바쁜 분들입니다. 왜 그렇게 바쁜지 매번 정신이 없어서 깜빡했다고 하지요. 이런 유형은 그때그때 일이 닥쳐야 처리하는 스타일로, 말하면 바로 해결해 주는 경우가 많아 다행입니다. 아예 처음 상담할 때 원비를 그때그때 못 챙기는 스타일이니까 사전에 문자를 달라고 하는 분도 있습니다.

괜히 "일주일 지났으니 말해도 되겠지?" "지난번 보낸 문자를 못본 거 아니야?" 이렇게 혼자 고민하지 말고 바로 애기하는 게 좋습니다. 의외로 "네 알겠습니다."라고 대답해서 그간 혼자 했던 고민이 무색하게 느껴질 때가 많습니다.

유형2 원비는 '후순위'

원비는 식비나 주거비처럼 생존에 필수적인 지출이 아니다 보니 상대적으로 덜 중요하게 느껴질 수 있습니다. SNS를 보면 해외여행도 자주 가고 핸드폰도 새로 바꾸고 경제적으로 어려운 것 같지도 않은데 왜 원비만 밀릴까, 가끔은 배신감도 듭니다. 돈을 계획적으로 지출하기보다는 즉흥적으로 결정하고 행동하는 유형이라고 할 수 있습니다. '오늘 원비를 내야지.'하고 마음먹었다가도 다른 결제할 일이 생기면 덜 급하게 여겨지는 원비를 자연스럽게 우선순위에서 밀어내는 경우입니다. 때가 되면 연락해서 평소 학부모의 생각에 비집고 들어가 원비 결제라는 생각이 1순위가 되도록 만들어야 합니다.

유형3 원비 결제를 배우자가 하는 경우

상담은 엄마와 하지만 아빠가 결제하는 경우입니다. 배우자 간에 합의가 이루어지지 않았거나 혹은 정보가 배우자에게 전달되지 않았을 경우 원비가 밀리게 됩니다. 종종 엄마는 '아빠가 결제했겠지.'라고 생각하고 아무렇지도 않게 연락하는 경우가 있습니다. 자칫 상황을 오해해서 '나를 무시하나, 어떻게 아무렇지도 않게 전화하지?'라는 생각에 괜한 마음고생을 할 수도 있습니다. 역시 기분 나쁘지 않게 밀린 원비를 잘 받을 수 있는 방법을 찾아야 합니다.

절대 한 달 이상 넘기지 않기

어떤 유형이든 공통된 해결책은 '일단 말해라!' 그리고 '한 달 이상 지나지 않도록 한다.'입니다. 한 달이 늦어지면 두 달이 되고 석 달이 되는 건 금방입니다. 한 달 이상은 밀리지 않도록 확인해야 합니다.

"매달 1일은 원비 납부일이니 확인 부탁드립니다." 이렇게 단체로 보내는 문자는 별로 효과 없습니다. 그리고 문자를 보낼 때는 상대를 비난하거나 잘못을 지적하는 듯한 말투는 피해야 합니다. 상대방을 변호해 주는 문구가 들어가면 좋습니다. "이번 달 여행으로 정신없으셨죠? 바쁘신 거 아니까 제가 먼저 챙겼어야 하는데 죄송합니다. 원비 확인 부탁드리겠습니다." 바쁜 사정을 이해하고 배려하는 마음을 전달하면 자연스럽게 결제까지 이어질 수 있습니다.

또 "혹시 ○○○ 님으로 입금된 것이 민지일까요? 간혹 부모님 이름으로 잘못 입금하는 경우가 있어 여쭤봅니다."라고 문자를 보내면 상대의 잘못은 지적하지 않으면서 결제가 되지 않았음을 간접적으로, 기분 나쁘지 않게 알릴 수 있습니다. 학부모들이 미납 문자를 받으면 잘못을 지적당한 거 같아 기분이 좋을 리 없겠지요. 원비 문제는 민감해서 잘못 이야기하면 반감이 생길 수도 있기에 기분 나쁘지 않게 접근하는 요령이 필요합니다.

학부모님께 원비 얘기를 꺼내면 가끔 "선생님, 그런데 이번 단원 평가에서 '어떤 수 구하기' 유형 문제를 틀렸던데 다시 설명해 주세요."라고 하면서 잘못을 지적하는 듯 응수하는 분이 있습니다. 그럴 때에는 "네, 신경 쓰겠습니다."하고 넘기면 됩니다. 가끔 지적당해 기분 나쁜 감정을 다시 상대방에게 투사하려는 사람들이 있습니다. 원하는 바를 얻기 위해선 자신을 살짝 낮추는 지혜도 때론 필요합니다.

핵심만 정리해 볼까요?

1. 밀린 원비, 혼자서 고민하지 말고 바로 말하자.

2. 단체 문자보단 1:1 직접적인 문자를 보내자.

3. 원하는 바를 얻기 위해선 자신을 낮추는 지혜도 필요하다.

📖 메모해 보세요

5장

공부방의 '품격'은 원장의 '품격'

원장 탓을 하는 억울함에 대처하는 방법은?

억울함만 없어도 스트레스는 절반

단원평가를 보고 온 초등학생이 있었습니다. 답은 맞혔는데 풀이 과정을 적지 않아 해당 문제를 틀렸다고 합니다. 아이에게는 "답만 적고 풀이 과정을 쓰지 않으면 틀린 거야. 속상하지만 다음엔 풀이 과정까지 꼼꼼하게 쓰자."라고 다독인 후 아이 부모님께도 연락을 드렸습니다. 학부모님은 "공부방에서 그래도 된다(?)고 해서 답만 적은 건데 틀렸다고 하더라고요. 당연히 식은 써야죠. 앞으로는 정확하게 설명해 주세요."처럼 답이 오더라고요.

설마 아이에게 답만 적어도 된다고 말했을까요? 아이도 의도적으로 거짓말을 한 건 아닐 겁니다. 부모님에게 혼나는 상황을 모면하려고 둘러댔을 가능성이 큽니다. 어찌 됐건 열심히 가르친 사람으로서 억울한 일입니다. 수업하다 보면 아주 큰일보다는 일상에서의 사소한 일이 사람을 힘들게 합니다. 그럴 때마다 정당성을 증명하기 위해

144

호소해봤자 변명처럼 느껴질 수 있기에 억지로 참고 넘겨야 하는 일들이 참 많지요. 제 딴에는 신경 써서 했는데 그런 마음을 몰라주거나, 결과가 좋지 않다고 과정까지 무시당하거나, 사실 잘못한 것도 없으면서 죄송하다고 해야 하는 억울한 경우, 이런 상황들만 잘 관리해도 스트레스의 절반은 줄일 수 있습니다.

상대를 인정하는 건 생각보다 어렵다

누군가를 인정하는 것은 생각보다 어려운 일입니다. 왜 그럴까요? 상대를 인정하는 순간 나보다 위로 올라가는 느낌이 들기 때문이겠죠. 종종 자신이 수업료를 내고 있으니 본인이 우위에 있다고 생각하는 사람들을 만납니다. 조금은 인정이 메마른 사람처럼 느껴집니다. 상대방을 억울하게 만드는 사람들에게 인정받기는 정말 쉽지 않은 일입니다. 하지만 가르치는 사람으로서 인정받고 싶은 욕구가 크다 보니 스트레스를 받고 억울함도 느끼게 됩니다. 어느새 나를 존중하고 지지해 주는 사람들보다는 그렇지 않은 사람들에게 인정받기 위해 더 잘하려고 애쓰는 자신을 보게 됩니다.

가만히 앉아서 생각해 보세요. 지금 나를 힘들게 하는 사람과 그렇지 않은 사람으로 구분한다면 어느 쪽이 더 많은가요? 힘들게 하는 사람들은 생각보다 소수이지 않나요? 그런데 왜 우리는 그들 때문에 많은 시간을 힘들어하고 에너지를 빼앗겨야 하는 건가요? 티 내지 않는다고 나를 믿고 지지하는 사람들을 몰라보면 안 됩니다. 내 편을 들어줄 사람들의 믿음은 평상시에는 잘 느껴지지 않습니다. 어려움이 닥쳤을 때 진가를 알게 되지요.

깨달음을 준 사건이 있었습니다. 아이들 시험을 앞둔 중요한 시점에 시아버님이 돌아가셨습니다. 시험 직전에, 그것도 열흘 앞두고 수업을 못 한다는 건 정말 상상할 수 없는 일이기에 그때는 가족을 잃은 슬픔과 동시에 이 상황에서도 여전히 아이들을 가르쳐야 한다는 책임감에 정말 마음고생이 심했습니다. 많은 아이가 예상대로 시험을 망쳤습니다. 스스로 잘하는 아이들이야 문제없었지만 대부분은 보통 시험 직전에 확 끌어올려 성적을 내는데 시기를 놓쳤으니 결과는 정말 참혹했지요.

당시에 그만둔 아이들과 남은 아이들을 보고 많은 걸 깨달았습니다. 퇴원한 경우를 보면 신경 더 많이 쓰고 해달라는 건 다 맞춰 준 아이들이 많았고, 남아 있는 경우는 평소 별말이 없던 아이들이었습니다. 죄송해하는 저에게 오히려 선생님 잘못이 아니라고 위로해 주는 분들도 바로 그런 아이들의 부모님이었습니다.

억울함에서 벗어나기 위해 뭔가를 증명하려고 애쓰기보다는 나를 믿고 있는 사람들에게 집중해서 평정심을 유지하는 게 좋습니다. 물론 쉽지 않습니다. 속상한 마음을 애써 부정하지 말고 '지금 나 속상하구나, 내 마음을 몰라주네, 어쩔 수 없지 뭐!'라고 한편 받아들이면서 '나를 위해 맛있는 점심을 먹어야겠다.'라고 나를 위로해 주세요. 스스로 자신을 인정하면서 속상함을 털어버릴 수 있는 건강한 마음이 있다면 일을 하며 느끼는 행복감이 훨씬 커질 겁니다.

핵심만 정리해 볼까요?

1. 억울한 마음만 조절해도 스트레스가 확 줄어든다.

2. 상대를 인정해 주는 일은 어렵다. 피해야 하는 경우도 있다.

3. 속상한 일이 있다면 애써 부정하지 말고 스스로 위로하자.

메모해 보세요

불안할 땐
통계의 힘을 믿어 보자

통계로 생각해 보기

공부방을 하면서 마음이 힘든 이유는 정말 다양합니다. 갑자기 그만두는 아이들이 많아지기도 하고, 학부모의 요구가 선을 넘을 때도 있고, 아이들의 성적 부진, 힘들게 하는 아이의 존재 등 상황에 따라 가지각색일 겁니다.

늘 따라다니는 불안과 걱정에서 아예 벗어나고 싶은 마음이지만 그렇게 되는 경우는 없었습니다. 그렇다고 매일 긴장하고 스트레스를 받으며 살 수는 없잖아요. 이러한 불안을 잠재우는 데 효과적인, 제가 찾은 방법은 바로 통계로 생각해 보는 연습을 하는 것입니다.

아이들이 갑자기 너무 많이 그만두는 것 같아 걱정이라면 한번 생각해 보세요. 현재 원생 수 대비 그만두는 아이들이 몇 %인가? 아마 10%도 안 될 겁니다. 하지만 그만두는 아이 한두 명에게 신경을

곤두세우면 마음이 무너지고, 다른 아이들도 영향을 받아 우수수 나갈 거 같아 불안감이 몰려옵니다. 어떤 일을 하든 10% 내외에서 일어나는 변화는 나의 의지나 능력과 상관없이 그저 세상을 살다 보면 확률적으로 일어날 수 있는 일입니다.

그만두는 아이들의 비율 외에도 혹시 계산해 보셨어요? 원비를 자주 밀리고 신경 쓰게 하는 경우가 몇 %인지? 아이 지도에 지나치게 관여하는 학부모의 비율은? 10%를 넘지 않는 경우가 대부분일 겁니다. 그동안 우리가 작은 비율, 어찌 보면 예외적인 소수에 좌지우지되었던 건 아닌지 따져볼 필요가 있습니다. 한두 명의 부정적인 평가에 과잉 반응하면 소수의 무리한 요구를 수용하려고 애를 쓰게 되고 결국 다수를 소홀히 하게 되기 십상입니다. 교육적으로 필요한 원칙까지 바꾸어가며 무리한 결과는 소탐대실이 되곤 합니다.

시험 결과도 마찬가지겠지요. 모든 아이가 원하는 성적을 얻는 건 불가능한 일이잖아요. 누군가는 시험을 망치기 마련인데 잘 본 아이보다는 시험을 망친 아이들이 더 신경이 쓰입니다. 더 잘 지도할 수 있었는데 하고 후회하거나 자신의 실력이 부족한 탓은 아닌지 자책하기도 합니다. 하지만 정작 시험을 망친 아이들의 비율을 따져보면 몇 % 안 되는 수치입니다. 시험을 잘 본 아이들에게 집중해서 자신감을 가지세요. 나에 대한 평가, 특히 부정적인 평가는 그냥 하나의 의견일 뿐이기에 참고는 하지만 휘둘릴 필요는 없습니다.

"선생님이 너무 어렵게 설명한대요." 학부모에게 이런 이야기를 들으면 신경이 예민해지고 자신이 부정당한 것 같아 마음이 힘들어집니다. 그럴 때는 잠시 '스톱', 통계를 내 보세요. "선생님, 신경 써주셔서 감사합니다!"라고 말하는 비율이 훨씬 높지 않은가요? 아이가 설명이 어렵다고 말한 것은 진짜였을 수도 있지만 어쩌면 "이건 왜 틀렸어?"라고 엄마가 추궁했을 때 그 상황을 모면하기 위해 둘러댄 핑계일 수도 있습니다. 학부모 역시 무심코 한 말인 경우도 많습니다. 참고는 하되 온전한 평가로 받아들여 괴로워할 필요는 없습니다.

원비를 제때 내지 않는 문제로 신경이 쓰인다면 또 따져보세요. 몇 %나 되나요? 한두 명인 경우가 대부분이지 않나요? 원비 미납 문제는 운영하다 보면 생기는 자연스러운 일입니다. 보통 10% 내외인데 20명이라면 2명, 40명이라면 4명 정도는 생긴다고 생각하면 마음이 편안해지시죠? 나에게만 생기는 안 좋은 일이 아니라 사회 생활에서 발생하는 흔한 일이라 생각하고 만약 그 미납율을 줄인다면 오히려 '나, 꽤 능력 있구나!'라고 스스로를 칭찬해 주셔도 좋을 거 같습니다.

핵심만 정리해 볼까요?

1. 지금 불안한 일, 실제로 일어날 확률은 몇 %인가?

2. 지금 일어나는 힘든 일은 누구에게나 일어나는 일이다.

3. 소수의 의견이 나의 전부를 말하지 않는다.

메모해 보세요

28

성공의 핵심은
소통입니다

성공하는 소통 전략은?

성공의 비결을 한 단어로 말하면 '소통'이 아닐까 생각합니다. 아이들과 소통하는 것, 학부모와의 소통 어느 것 하나 소홀히 하면 안 됩니다. 각각 모두 중요합니다. 제가 찾은 소통의 성공 전략은 이것입니다. '소신은 있지만 자기주장을 내세우지 않아야 한다.'

학부모와 소통하는 방법

학부모를 대할 때는 원하는 바가 무엇인지, 불만은 어떤 점인지, 충분히 들어야 소통이 제대로 이루어집니다. 반드시 한 달에 한 번은 문자, 전화 등 어떤 식으로든 연락을 취하는 것이 필요합니다. 학부모가 먼저 "요즘 우리 아이가 어떤가요?"라는 문자 메세지를 보낸다면 귀찮게 여기지 말고 소통할 좋은 기회라고 생각하고 적극적으로 임해 보세요. 다소 납득하기 어려운 얘기를 하더라도 상대에게 변명처럼 들리는 반응을 해서는 안 됩니다. 먼저 무슨 말을 하고 싶은지 파악하기 위해 잘 들어야만 합니다.

예를 들어 "집에서 너무 게임을 많이 하는데 숙제 양이 적은 건 아닌가 생각이 되네요."라는 불만 사항이 접수되었습니다. 게임 문제는 정말 어느 집에나 있는 걱정거리입니다. 특히 코로나 시기를 겪으면서 아이들이 집에 있는 시간이 길어지다 보니 자연스럽게 게임을 할 시간도 많아졌겠죠. 게임을 많이 하는 건 숙제가 부족해서라고 생각하고 숙제를 더 많이 내달라고 하는 경우는 일단 부모님이 아이를 통제하기 힘든 상황임을 암시합니다. 누군가 자신의 역할을 대신해 주었으면 하는 마음이 크다고 볼 수 있겠죠. 그런데 만약 숙제의 양이 적절했다고 대답한다면 소통에 실패했다고 판단해야 하지 않을까요.

집에서 책을 읽고 공부하는 이상적인 아이를 바라는 부모와 게임을 좋아하는 아이는 상극이죠. 당연히 부모와 아이 사이는 삐걱거립니다. 만약 부모님에게 주도권이 있었다면 이미 게임을 조절하는 역할을 하셨을 것입니다. 만약 부모님이 요구하는 만큼 숙제를 내주었다간 아이가 공부방을 그만두고 싶어 할 수 있습니다. 아이와 솔직하게 이야기하면서 절충안을 찾는 것이 해법입니다.

아이와 소통하는 방법

아이와의 소통도 중요합니다. 무조건 1순위입니다. 아이들과 소통을 잘하려면 친구처럼 친하게 지내야 한다고 생각하는 경우가 있는데 그렇지는 않습니다. 어른의 위치에서 얼마든지 소통할 수 있습니다. 방법은 잘 들어주는 것입니다. 은근히 아이들은 어른들과 이야기하는 걸 좋아합니다. 학교에서 있었던 일, 친구와의 관계 등 다양한 이야기를 합니다. 다만 아이들 이야기를 들을 때에는 주의할 점이 있습니다. 마음이 가는 대로 판단하고 올바른 길로 이끌어 주어야겠다는 생각에 바른말을 하다 보면 아이들과 소통이 안 됩니다.

말도 안 되는 이야기를 할 때도 있고 논리적이지 않을 때도 있지만 그냥 들어주면서 아이를 잘 관찰해 보세요. 그러면 아이가 남들의 시선이 중요한지, 잘한다는 칭찬이 고픈 건지, 관심이 오히려 부담스러운지 알아차리게 됩니다. 명확한 답을 원하는 질문이 아니라면 판단하지 말아 주세요. 해결책을 제시하고 싶은 마음에서 벗어나 그저 들어주세요. 아이들은 그것만으로도 충분히 소통했다고 생각합니다.

성공하는 공부방은 물 흐르듯 살아 움직여

소통은 내가 하고 싶은 이야기를 전달하는 것이 아닙니다. 상대의 이야기가 내 마음에 들어와 내 생각에 흔적을 남기는 겁니다. 그런 기억으로 그 사람과 이야기를 계속 이어가고 시간과 기억들이 쌓여 단단해지면 신뢰 관계가 형성됩니다.

성공하는 공부방은 한 아이가 오래 다니는 것도 중요하지만 물 흐르듯 한 명이 나가면 다시 한 명이 들어오고, 이렇게 살아 움직인다고 생각합니다. 아이들과의 시간은 유한해서 언젠가는 졸업하고 떠나기 마련입니다. 그러니 성공하는 공부방으로 만든다는 것은 끊임없이 흐를 수 있도록 공간과 인맥과 소문을 만드는 일인 듯합니다. 소통을 잘하면 정보가 보이고 사람도 보이고 결국 해결되지 않던 문제의 해법까지 보입니다.

핵심만 정리해 볼까요?

1. 학부모의 문자(특히 불만 사항)는 소통의 기회이다!

2. 아이들의 이야기를 판단 없이 들어주자.

3. 물 흐르듯 계속 살아 움직이는 공부방이 성공할 수 있다.

메모해 보세요

나를 위로하는
마법의 주문

공부방 원장이라는 참 외로운 직업

공부방 운영은 1인 원장 체제라 참 외로운 일입니다. 모든 걸 혼자 결정하고 책임져야 하기에 어떤 방법이 맞는지 혼란스러울 때도 억울한 일을 당했을 때도 혼자 이겨내고 견뎌야 합니다. 주변에 하소연해도 충분히 공감하고 힘이 되는 얘기를 듣기 어렵습니다. 이럴 때 최고의 방법은 스스로 위로할 수 있는 마법의 주문을 만드는 겁니다.

가장 힘든 일은 역시 퇴원생이 생겼을 때겠죠. 처음에는 원인을 나에게서 찾으려고 했습니다. '내가 무엇을 잘못했을까?' 답이 있을 것이라고 생각하고 찾다 보면 마음이 점점 힘듭니다. 이럴 때는 "꼭 내가 원인이 아닐 수도 있다." 스스로 주문을 걸어보세요. 그만두는 이유는 정말 다양합니다.

정말 공부방 운영과 시스템 문제일 수도 있지만 아닐 수도 있습니다. 친구가 그만둬서, 대형 학원을 경험해 보고 싶어서, 시간이 안 맞아서, 이사 때문에 등 정말 다양하지요. 만약 공부방에 문제가 있었다면 이미 어느 정도는 예상이 되었을 겁니다. 명확한 이유없이 자책만 하면 스스로 무너질 수도 있습니다. 너무 속앓이하지 마세요.

안 좋은 소문이 날까 불안할 때

공부방 소문이 안 좋게 퍼질까 봐 불안할 때가 있지요. 잊지 마세요, 사람들은 내가 생각하는 만큼 나에게 관심이 없다는 사실을요. 더군다나 교육 문제는 본인 아이가 중간에 있기에 더더욱 나쁘게 말하기가 쉽지 않습니다. 만약 안 좋은 소문을 들었다고 해도 100% 믿는 사람 역시 많지 않고요.

누군가를 만나 이야기하고 소문내는 것도 시간과 노력이 필요하기에 수고를 무릅쓰고 의도적으로 험담하는 사람도 많지 않습니다. 그래도 불안할 때 나에게 해주는 마법의 주문입니다. "사람들은 생각만큼 나에게 관심이 많지 않다."

아이들이 말을 듣지 않을 때

'아이들이 내가 무섭지 않아서 말도 안 듣고, 반항하는 건 아닐까?'라고 생각이 들 때도 있지요. 역시 효과적인 마법의 주문이 있습니다. "나를 힘들게 하는 아이는 다른 곳에서도 똑같다." 아이들은 좀 더 편한 선생님께 함부로 하는 경향이 있지만 그렇다고 엄한 선생님이라고 확 달라지지 않습니다.

만약 "영어 공부방에서는 말 잘 듣는데…"라는 얘기를 들었다면 어딜 더 오래 다니는지 관찰해 보세요. 말을 잘 듣는다는 건 아이가 그냥 참고 있는 경우일 수도 있어서 그만큼 다른 곳으로 옮길 확률도 높습니다. 이럴 때 나에게 하는 마법의 주문은 "나에게만 그런 것이 아니다."입니다.

무리한 요구에 대응할 때

수용하기 어려운 요구사항, 예를 들면 정해진 시간이 있는데 무리한 보충을 요구하거나. 시스템에서 벗어난 특별한 걸 더 봐 달라고 해서 무리해서 수용했는데 우리는 그것을 계속 유지하고 끝까지 해야 한다는 책임감에 힘들 수도 있습니다. 그런데 상황은 언제나 변하는 것이고 사실 요구대로 했는지 안 했는지 끝까지 꼼꼼하게 확인하지도 않습니다. 영원한 건 없으니까 상황 변화에 따라 유연하게 대처하자는 겁니다. 이런 경우 잘 통하는 마법의 주문입니다. "상황이 바뀐다면 변화를 주어도 괜찮아."

나를 가장 잘 위로할 수 있는, 바로 나

상황도 어려운데 마음도 힘들어지면 대처 능력이 크게 떨어집니다. 본인 마음을 힘들게 하는 생각도 다 다를 겁니다. 하지만 분명한 건 나를 가장 잘 아는 건 '나'이고 그런 나를 가장 잘 위로할 수 있는 사람도 '나'라는 사실입니다.

공부방 선생님이라는 직업을 선택했다는 것만으로 다른 사람의 어려움을 해결해 주고 싶은 따뜻한 마음을 가지고 있는 사람이라는 뜻입니다. 이런 나를 스스로 위로하고 칭찬해 주세요.

핵심만 정리해 볼까요?

1. 그만두는 이유는 꼭 내가 아닐 수도 있다.

2. 사람들은 생각만큼 나에게 관심이 많지 않다.

3. 나에게만 그런 것이 아니다.

4. 상황이 바뀌면 변화를 주어도 괜찮다.

메모해 보세요

일과 삶이 공존하는 공간에서 불편함 이기는 법

공부방 선생님이라는 직업의 단점 중 하나는 일과 삶이 같은 공간에서 이루어진다는 겁니다. 여간 불편한 것이 아닙니다. 집에서는 공간을 분리하고 가족의 이해만 있으면 괜찮은데, 생활 반경이 일터다 보니 마트 가는 것도 007 첩보 작전 같을 때가 있습니다. 일부러 멀리 돌아서 다른 마트로 간다거나 학부모를 마주칠까 봐 집 밖을 잘 안 나가게 되기도 하죠. 그뿐만 아니라 난처한 경우가 그만둔 아이와 학부모를 만났을 때입니다. 서로 어색해서 아는 척을 할 수도 안 할 수도 없어 곤란합니다.

공부방 선생님인 나와 엄마인 나를 분리하기

진짜 문제는 내 아이입니다. 아이의 친구 중에 원생이 있다면 친구 엄마인지, 선생님인지 혼란을 겪기도 합니다. 이럴 때는 '부캐'를 하나 만들어보세요. 공부방 선생님인 나와, 엄마인 나를 분리해서 생각하면 조금 편안해집니다.

수업을 듣는 아이 중에 내 아이와 같은 반 친구가 내 아이의 이야기를 전할 때가 있습니다. "선생님, 오늘 학교에서 강민이가 선생님께 혼났어요." 무심결에 한 말일 수도 있는데 심정이 참 복잡해집니다. 모범을 보였으면 좋겠는데 혼났다니, 아이에게 화나기도 하고 같은 반 친구니까 괜히 민망하기도 하고 감정적으로 어렵습니다. 이럴 땐 '부캐'를 동원해서 "그랬구나. 선생님 아들도 자기 인생이 있는 거니까. 나와 연결 짓지 말아 줄래?"라고 웃으면서 반응하면 친구들도 계속 얘기하기가 머쓱해질 겁니다. 이렇게 하다 보면 아이 친구들에게도 선생님 아들이라는 사실이 크게 의식되지 않는 순간이 옵니다.

지인의 아이를 수업하는 경우

지인의 아이를 수업하게 되는 경우, 사적인 모습과 공적인 모습을 의도적으로 다르게 할 필요가 있습니다. 지인과 사적으로 만나 밥을 먹는 상황이라면 함께 있는 아이 앞에서 공부 이야기는 일절 하지 않고 '이모 모드'로 대해 보세요. 반면에 공부방에서 지도할 때는 반대로 사적인 이야기는 하지 않도록 노력해 보세요. 이렇게 시간이 지나면 자연스럽게 아이들도 공간에 따라 그에 적합하게 행동하게 됩니다. 그래도 100% 편해지지는 않습니다. 친한 관계로 남고 싶은 사람이라면 그 집 아이를 공부방에 들이는 문제는 신중하게 결정하면 좋겠습니다.

나는 동네 연예인이다

길 가다 학부모를 마주칠 때 나만 불편한 것이 아니라 상대도 불편할 수 있습니다. 상대가 공부 이야기를 먼저 꺼내는 경우가 아니라면 그저 "안녕하세요? 어디 다녀오시나 봐요, 예뻐지셨어요!"처럼 기분 좋게 하는 칭찬과 가벼운 인사만 건네는 것이 좋습니다.

공부방 선생님은 어디서 누가 볼지 모르니 어느 정도 정돈된 모습으로 외출하고 되도록 상대가 기분 좋은 말을 하려고 노력하는 정도의 이미지 관리가 필요한 직업입니다. 동네 연예인의 삶을 살고 있다고 생각하면 그렇게 힘들지는 않을 겁니다.

핵심만 정리해 볼까요?

1. 공부방 선생님인 나와 엄마인 나를 분리해 '부캐'를 만들자.

2. 내 아이는 내 아이고, 나는 나다.

3. 길 가다 마주치는 학부모 역시 내가 불편할 수 있다.

4. 공부방 선생님은 이미지 관리가 필요한 연예인과 삶이 비슷하다.

메모해 보세요

성공하는 공부방으로 가는 나침반이 되길 바라며

우리는 흔히 성공의 기준을 많은 수입으로만 생각하곤 합니다. 그러나 진정한 성공은 한 번 정점을 찍기보다 자신만의 속도를 유지하며 나아가는 거 아닐까요? 겉으로 화려하게 드러나지 않아도 꾸준함만 유지하면 성공할 수 있습니다.

처음 학원 강사로 일할 때, 저는 '카리스마가 부족하다.'는 평가를 듣곤 했습니다. 교육자는 흔들림 없는 확신과 단호한 태도를 갖춰야 한다고들 했죠. 하지만 시간이 지나면서 깨달았습니다. 꼭 강하게 내 생각을 밀고 나아가야만 성공하는 게 아니라는 사실을요.

세상에는 다양한 교육 방식이 존재합니다. 어떤 이는 확고한 신념을 바탕으로 강하게 아이들을 이끌어가고, 또 어떤 이는 부드럽고 유연한 방식으로 아이들과 소통합니다. 누군가가 성공했던 교육 방식이 나에겐 맞지 않을 수도 있습니다. 그것을 따라가지 못하는 나를 자책하지 마세요.

저는 '카리스마'가 아닌, 배려와 공감 그리고 성향에 맞추어 아이들과 함께 성장하는 길을 택했습니다. 그러기 위해 필요한 것은 아무리 힘든 일이 생기더라도 견딜 수 있는 힘입니다. 어떻게 해야 그 힘이 생길까요? 저 역시 처음엔 고민도 많고 때론 상처받으며 힘들었던 적도 많았습니다. 시간이 지나면서 자연스럽게 경험치가 쌓이고 하나둘 고민에 대한 나름의 답을 찾게 되었습니다. 이 책에 공유한 이야기가 비록 정답이 아닐지라도 누군가에게는 지금의 어려움과 상처를 해결할 열쇠가 될 거라 믿습니다.

성공하기 위해 한 가지 확실한 사실은, 포기하지 않고 자신만의 속도로 꾸준히 나아가다 보면 길이 열린다는 것입니다. 세상이 말하는 '완벽한 성공'이 아니더라도, 자기 방식으로 얼마든지 안정적인 B+ 인생을 만들어갈 수 있습니다.

✔ 완벽하지 않아도 괜찮습니다.
✔ 마음의 상처만 잘 관리해도 즐기며 일할 수 있습니다.
✔ 내가 하는 방식대로, 나의 속도로 가도 충분히 성공할 수 있습니다.

공부방 선생님은 단순히 지식을 가르치는 직업이 아닙니다. 아이들을 이해하고 부모와 소통하며 한 아이가 성장해 가는 모든 과정을 함께 하는 어른이라 생각합니다. 여러분이 이 길을 걸어가는 동안, 이 책이 작은 나침반이 되기를 바랍니다.

학습 성향 진단으로 맞춤형 교육하기

어떤 성향의 아이인지
미리 알 수 있다면?

공부방 원장님들은 고민이 많습니다.

'개인별 맞춤 지도를 어떻게 해야 효과적이지?'
'자기 멋대로인 아이들 때문에 받는 스트레스, 어떻게 해야 하지?'
'공부 분위기를 해치는 아이들의 문제 행동, 어떻게 해야 하지?'
'억지로 공부하는 아이, 어떻게 해야 동기부여를 잘할 수 있을까?'
'단점을 고치기보다 장점을 살려주고 싶은데, 어떤 방법이 있을까?'

고민을 해결하는 시작점은 먼저 아이를 아는 것부터입니다.

공부방, 작지만 강한 교육 기관이 되려면 아이 이해는 필수!

공부방은 개인 과외와 학원의 중간쯤에 자리 잡은 공부방만의 장점
이 있습니다. 바로 개별화 교육(Individualized Education), 흔히 말하
는 개인 맞춤형 교육을 구현하는 데 적합한 조건을 가지고 있습니다.
1:1 밀착 교육을 하는 분들일수록 아이들의 기질과 성향을 파악할 수
있다면 도움이 됩니다. 그래서 이를 위해 손쉽게 활용할 수 있는 학습

성향 진단 테스트 (BNT)를 소개합니다.

이 테스트는 미국의 정신과 의사, 심리학자, 현실치료(Reality Therapy) 창시자인 윌리엄 글래서(William Glasser 1925~2013)가 창안한 5가지 기본 욕구론에 근거하여 만들어졌습니다. 사람에게는 생존의 욕구(Survival Need), 사랑과 소속의 욕구(Love & Belonging Need), 힘의 욕구(Power Need), 자유의 욕구(Freedom Need), 즐거움의 욕구(Fun Need)가 있다고 보는데 사람마다 다른, 상대적으로 강한 욕구를 파악하면 맞춤형 교육을 구현하는 데 필요한 정보를 얻을 수 있습니다.

성향 테스트를 통해 공부방에 잘 적응할 수 있을지 미리 판단할 수 있으며 크게 보면 다음 5가지 유형이 있습니다.

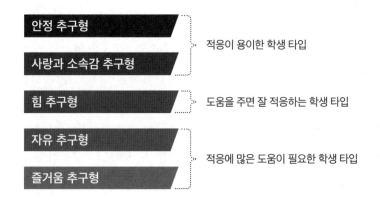

공부방을 운영하면서 겪게 되는 온갖 문제들을 그때그때 개인기로 해결하기에는 역부족입니다. 공부방 모델에 최적화한 BNT를 활용하면 아이들이 오래 다닐 수 있는 공부방, 즐거운 분위기에서 공부할 수 있는 공부방을 만들 수 있습니다.

BNT 진단 서비스를 이용하려면?

BNT(Babba Needs Test)는 바빠 클래스 홈페이지 https://www.babbasmartclass.com [교사 성장 프로그램] 메뉴에서 [성향 테스트_BNT]를 선택하면 진행할 수 있습니다.

테스트는 아이들이 쉽고 재미있게 선택할 수 있는 문항으로 구성되어 있습니다. 전체 문항 수는 10문항이고, 완료하는 데 5분 정도 걸립니다. 테스트 결과는 교사용 프로파일을 통해 맞춤형 지도에 바로 적용할 수 있습니다. 예를 들면, (학생을) '이렇게 이해해 주세요.' '이렇게 도와주세요.' '이런 부분을 조심해 주세요.'와 같이 가이드를 제시하고 있습니다. 학생용 프로 파일도 따로 주어지는데, 이는 메타인지를 자극하여 자기 조절 능력을 길러줍니다.

참고로, 이 성향 테스트는 '바빠 스마트 클래스' 프로그램에 가입하면 20명까지 무료로 진단 가능합니다.

BNT는 초등학생도 쉽게 고를 수 있는 상황을 통해 설문이 구성되어 있습니다. 잠깐 살펴보면 다음과 같은 문제들입니다.

1. 놀이공원에 갔을 때 나는	선택
① 무서울 거 같은 놀이기구는 타고 싶지 않다.	∨
② 혼자 타는 것보다는 같이 타는 놀이기구가 좋다.	
③ 다른 사람이 무서워하는 놀이기구를 타보고 싶다.	
④ 오래 기다리지 않고 바로 탈 수 있는 놀이기구가 좋다.	
⑤ 새로운 놀이기구가 있으면 타보고 싶다.	
⑥ 잘 모르겠다.	
2. 숙제가 있을 때 나는	**선택**
① 숙제 먼저 하고 나서 놀아야 마음이 편한 편이다.	
② 숙제를 안 하면 혼날까 봐 걱정된다.	
③ 숙제를 잘해서 선생님에게 칭찬받고 싶다.	
④ 숙제하기가 싫으면 안 하는 경우가 많다.	
⑤ 재미있는 숙제는 하고 싶지만 재미없는 숙제는 정말 하기 싫다.	
⑥ 잘 모르겠다.	

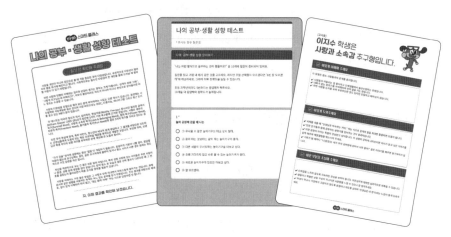

※ BNT(Babba Needs Test)는 이지스에듀의 징검다리교육연구소와
에듀니티랩 학습과학연구소가 공동 개발하였습니다.

아이들의 성향을 파악할 수 있어서
제대로 이해하고 소통할 수 있게 됐어요!

— 저자 김민경 원장님

수업을 통해 많은 아이들을 만나다 보면 어느 정도 아이들의 성향이 느껴집니다. '욕심이 많은 아이구나!', '소심해서 표현하는 게 어려운 아이구나!' 또는 '남들에게 인정받고 싶은 마음이 큰 아이구나.' 이처럼 아이마다 성격도 기질도 다 다릅니다. 그렇게 다양한 아이들을 보면서 가끔 이런 의문이 들기도 합니다. '이 아이가 학교에서도 이럴까?' '집에선 좀 다른 모습이지 않을까?' '나에게 보이는 모습만으로 판단하는 게 맞는 걸까?' 고민됩니다.

실제 BNT로 도움을 받았던 사례, 몇 가지를 소개하겠습니다.

집단에서 갈등을 유발하는 아이의 프로파일링 결과

공부방에서 항상 친구들과의 관계로 문제를 일으키는 아이 이야기입니다. 본인 뜻대로 하고자 하는 욕구가 강해, 갈등을 유발한다고 생각했는데요. 검사 결과를 보니 사랑받고 싶은 욕구가 강한 아이였습니다. 선생님께 사랑받고 싶고 친구들과 좋은 관계를 맺고 싶은데 어떻게 해야할지 방법을 몰라서 잦은 갈등을 일으킨다는 것을 이해하게 됐습니다. BNT의 프로파일을 확인한 후부터는 안타까운 마음이 생기면서 아이를 바라보는 시선 역시 달라졌습니다. 그동안 이기적인 아이라 여겼던 마음에서 벗어나 사랑이 고픈 아이구나, 이해하게 되니 저부터 더 많은 사랑을 표현해 주려 노력하게 되었고 그 결과 자연스럽게 갈등 상황도 줄게 되었습니다.

모범생인 아이의 프로파일링 결과

반대로 말을 잘 듣고 수업 시간에도 전혀 문제가 없는 모범생인 경우입니다. BNT 진단 결과 힘의 욕구가 강한 아이였습니다. 비록 지금은 저학년이고 부모님의 통제력이 강한 편이라 수용하는 모습을 보이지만 시간이 지나 사춘기가 오면 그동안 참았던 욕구가 분출될 확률이 높지 않을까요? 부모가 봤을 때 착하고 말 잘 듣던 아이가 사춘기 때 갑자기 돌변했다고 당황하는 상황이 생길 수도 있겠지요. 학생용 프로파일을 활용해 부모와 상담하면서 아이의 성장 과정을 예측해 보고 그에 따른 예방책을 함께 마련하면 도움이 되겠다고 생각했습니다.

아이들의 진단 결과와 지금까지 봐왔던 모습을 '매칭'하면서 아이들을 이해하는 데 큰 도움이 됐습니다. 안정 욕구가 강한 아이에겐 꼼꼼한 피드백과 함께 예측이 가능한 행동으로 불안감을 유발하지 않도록 노력하고 있습니다. 사랑과 소속의 욕구가 강한 아이에겐 이전보다 두 배 더 많은 관심을 표현하고 있습니다. 힘의 욕구가 강한 아이에겐 지적하기보다는 자신감이 생기는 칭찬을 많이 합니다. 자유의 욕구가 강한 아이에겐 하고 싶은 걸 먼저 할 수 있도록 선택권을 줍니다. 즐거움의 욕구가 가득한 아이에겐 새로운 자극과 흥미를 유발하며 지도하기 위해 더 노력하게 되었습니다.

수업을 하기 전에 아이들의 성향을 하나하나 떠올리고 생각하다 보니 원만한 관계 형성은 물론이고 아이들에 대한 애정도 커지게 되었습니다. 원활한 소통은 상대방을 진정으로 이해하는 바탕이 있어야 비로소 가능하다는 걸 실감하고 있습니다. 우리가 제대로 아이들을 이해하고 소통하기 위한 출발점으로 BNT를 많이 활용하셨으면 좋겠습니다.

토론 분야 베스트 1위 도서 전면 개정판

글로벌 교육 리더들이 주목하는 토론 학습의 모든 것

토론 교육의 정석
디베이트

- 국내 최초 한국 디베이트 코치 3급 준비 도서
- 실제 퍼블릭 포럼 디베이트 과정 동영상 제공

케빈 리 지음 | 18,000원

토론 교육의 정석 디베이트 들여다 보기

실전 사례를 따라 디베이트 형식을 정확히 익힌다!

실전 사례 장유유서는 현대에도 지켜야 할 덕목이다.

입안부터 마지막 초점까지 꼼꼼한 과정 설명

1단계: 입안(총 8분)
동전 던지기를 하여 02-2절과 반대로 주제에 찬성하는 팀이 [먼저 발언 팀]을, 주제에 반대하는 팀이[나중 발언 팀]을 맡는 것으로 결정 되었다. 발언 제한 시간은 팀당 4분씩 총 8분이다. 두 팀의 입안 요지 를 살펴보자.

7단계: 마지막 초점(총 4분)
퍼블릭 포럼 디베이트의 맨 끝 순서이다. 마지막 초점을 맡은 양 팀의 두 번째 토론자가 번갈아 연단에 나와 발언을 시작한다. 발언 제한 시 간은 한 팀당 2분씩 총 4분이다. 두 팀의 마지막 초점 요지를 살펴보자.

[먼저 발언 팀]의 마지막 초점 − 찬성(2분)
[먼저 발언 팀]의 두 번째 토론자가 연단에 나와 이번 주제

생각해 봅시다!

퍼블릭 포럼 디베이트 Q&A
퍼블릭 포럼 디베이트를 진행할 때 자주 마주치는 문제 30개와 해 결 방법을 소개한다. 강의할 때 자주 받는 질문을 모아 정리했다.

자주 묻는 질문에 대한 명쾌한 해답!

Q01_ 찬반과 선후를 정할 때 꼭 동전 던지기로만 해야 하나요? 가위바위보로 하면 안 되나요?
가위바위보로 해도 된다. 하지만 동전 던지기는 디베이 트 전통이다. 그 나름대로 문화로 정착된 부분이나 동전 던지기를 원칙으로 하되, 다른 방식을 선택해도 된다.

실제 디베이트 과정을 동영상으로 보면서 배운다

직접 보면 이해가 빠르다!

오늘의 주제 노후생활에 대한 책임은 개인에게 있다

▶YouTube 퍼블릭 포럼 디베이트 영상 제공

국내 최초! 한국디베이트코치 3급 준비 도서

3급 자격시험 준비 정보부터

자격 시험 예시 문제와 정답, 힌트까지!

디베이트에서 논리력 폭발!
논리의 부재, 말장난에 통쾌한 반격을 날리는 무기

토론과 대화에서 지지 않는 논리학

◇——————◇——————◇

"나도 논리적인 사람이 될 수 있을까?"

• 똑똑하게 말하는 법, 이것만 알면 된다!
• 6가지 주장의 오류와 7가지 근거 제시 방법

케빈 리 지음 18,000원

토론과 대화에서 지지 않는 논리학 미리 보기

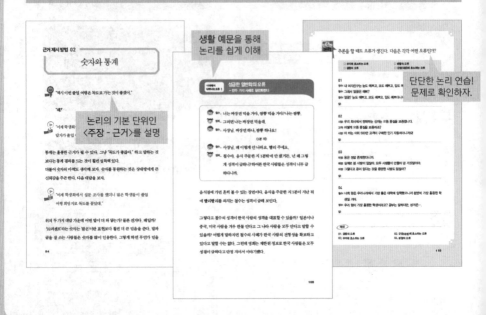